IMMOBILIEN?
IMMOBILIEN.
IMMOBILIEN!

Der **Leitfaden** für branchenfremde Kapitalanleger, vom Kauf bis zur Vermietung und Verwaltung.

Patrick
Windisch

Gewidmet

Dieses Buch widme ich meiner lieben Frau, die mich bereits ein Jahrzehnt begleitet und immer voll hinter mir steht, ganz egal, von welcher Idee ich sie zu überzeugen versuche.

Danke Mietz!

Impressum

1. Auflage April 2019
ISBN: 9781798825471

ETK Eigentum & Kapital GmbH
Südliche Münchner Straße 55
82031 Grünwald
info@etk.de

Copyright © 2019 by Patrick Windisch, Grünwald.
Lektorat und Korrektorat: imprint, Zusmarshausen
Satz und Layout: imprint, Zusmarshausen
Covergestaltung: imprint, Zusmarshausen
Bildnachweis: Sean Pavone / www.shutterstock.de (auf S. 15 und sämtl. linken Seiten im Balken); sämtl. Portraitaufnahmen: Tina Seidel Fotografie München (www.tinaseidel.de); alle weiteren Fotografien: Patrick und Deniz Windisch Grafiken: imprint, Zusmarshausen

Alle Angaben und Daten in diesem Buch wurden nach besten Wissen und Gewissen recherchiert und zusammengestellt. Stand ist Oktober 2018. Eine Gewähr auf Vollständigkeit, bzw. Richtigkeit wird nicht übernommen. Mehr Informationen erhalten Sie unter: www.etk.de

Inhaltsverzeichnis

Vorwort

Das Jahr 2018 – die Phase der Niedrigzinsen – hat die Immobilienbranche in den Himmel gehoben. Jeder möchte in Immobilien in Deutschland investieren. Ausländische Firmen und inländische Großanleger schleppen ihr Geld quasi säckeweise auf den Markt und kaufen alles, was nicht niet- und nagelfest ist. Die Immobilienbranche erlebt einen Hype, die Preise steigen – danach steigen die Mieten, die Unsicherheit wächst – gibt es irgendwann eine Immobilienblase?

Gerade eben war ich auf der Expo Real in München, Europas größte Immobilienmesse. Im Parkhaus reihen sich Porsche und Mercedes – mittendrin hin und wieder ein Ferrari. Bei meinem Gang durch die Messehallen werde ich von unfassbar teuren Messeständen nahezu erschlagen. Wer keine Rolex trägt, darf nicht mitspielen. Geld ist hier mit Sicherheit nicht das Problem.

Es scheint also allen gut zu gehen. Jeder kann Kaufen und Verkaufen, investiert in sehr große Projekte zu vergleichsweise guten Renditen (im Vergleich zu Staatsanleihen o. ä.) und wird damit immer, immer wohlhabender ...

Doch stimmt das? Investiert wirklich „jeder" in Immobilien – Nein! In Deutschland ist noch immer ein großer Teil der Einwohner ohne Eigentumswohnung. Knapp 54 % der Deutschen leben in einer Mietwohnung. Vergleichsweise sind es in den USA ca. 63 %, in Frankreich ca. 64 % und in Norwegen beträgt der Anteil der Wohnungseigentümer sogar 80 %. Was bedeutet es, in einer Mietwohnung zu leben? Man bezahlt Geld dafür, dass man eine Immobilie von einem Fremden be- und abnutzen darf. Oder anders herum und aus meiner eige-

nen Sicht gesprochen: Jemand tilgt für mich den Großteil meiner Schulden bei meiner Bank ... und das Monat für Monat.

Warum investieren in Deutschland verhältnismäßig wenig Menschen in Immobilien? Ich persönlich glaube, dass Angst und Unsicherheit zu groß sind. In Zeiten, in denen die Mieten steigen und die Renten sinken, sollte sich jeder von Ihnen Gedanken über die Zukunft machen. An die Altersvorsorge zu denken wird in diesen Zeiten wichtiger denn je.

Mit diesem Buch gehen Sie einen absolut richtigen und wichtigen ersten Schritt in Richtung Immobilien. Ich zeige Ihnen, wie auch Sie Eigentümer werden und sich über Mieteinnahmen freuen können. Ich vermittle Ihnen mein Wissen aus über zehn Jahren Berufserfahrung in vielen verschiedenen Sparten der Immobilienbranche. Ebenso vermittle ich Ihnen mein Wissen aus etlichen Immobilientransaktionen. Denn auch ich, obwohl ich aus der Branche stamme, musste quasi von vorne beginnen und die verschiedenen Schritte bis zum Kauf meiner ersten Immobilie selbst gehen. Ich gebe Ihnen die Chance, meine Fehler zu „überspringen" und durch meine Erfahrungen zu profitieren.

Wir gehen gemeinsam die ersten Schritte in eine, für außenstehende Beobachter, verkrustete Branche und ich zeige Ihnen, auf was Sie achten sollten, wenn Sie sich für Immobilieninvestments entscheiden.

Werden auch Sie Vermieter, kaufen sie Wohnungen und bilden sie sich neben einem „Vermögen" auch ein passives Einkommen und legen sie den Grundstein für eine bessere Altersvorsoge.

Kapitel 1:
Einführung

Schon wieder ein Buch über Immobilien! Schon wieder jemand der Ihnen sagen und zeigen will, wie es richtig geht. Paragraphen über Paragraphen und Sie verstehen nur Bahnhof?

Nein, dieses Buch ist anders. Es soll Sie auf unterhaltsame und teilweise selbstironische Weise über den Kauf einer Kapitalanlage und deren Verwaltung aufklären. In diesem Buch sollen Sie nicht lernen wie es gesetzlich und rechtlich richtig geht, in diesem Buch sollen sie einen Eindruck bekommen, was es heißt, eine Immobilie zu suchen, diese zu kaufen und zu besitzen. Im Jahr 2018, in dem sich die Immobilienpreise nahezu überschlagen, die Mieten ansteigen und jeder von einer Blase spricht, kommt nahezu keiner mehr am Thema Immobilien vorbei. Jedes zweite Büro in der Straße um die Ecke ist von einem Makler besetzt und jeder dritte, mit dem man sich beim gemütlichen Beisammensein unterhält, hat eine ganz großartige Kapitalanlage gekauft. Viele Menschen allerdings wissen überhaupt nicht, was es bedeutet, eine Immobilie zu besitzen und vor allem, welche Pflichten sie zu erfüllen haben.

Ein typisches Beispiel sind wahrscheinlich meine Eltern. Seit Jahren versuche ich sie davon zu überzeugen, eine Immobilie zur Kapitalanlage zu kaufen. Mein Vater, seit vielen Jahren selbstständiger Dachdeckermeister mit eigenem Betrieb und meine Mutter, die, seitdem ich denken kann, alles für die Familie gibt und dazu noch einer Teilzeitbeschäftigung im öffentlichen Dienst nachgeht, haben von der gesetzlichen Rente wahrscheinlich nicht allzu viel zu erwarten.

Wenn man im Jahr 2013 eine Immobilie gekauft hätte, könnte man diese heute (im Jahr 2018) für das doppelte verkaufen (ja die Insider wissen, Spekulationssteuer, tut hier aber erstmal nichts zur Sache). Und diese exorbitant hohen Preisanstiege sind bei weitem keine Glücks- oder Einzelfälle. In München in der Leopoldstraße, hinterhalb des ehemaligen „Schwabylon", unweit der ehemaligen Kultdiskothek „Yellow Submarin", steht ein riesen großes, nicht gerade ansprechendes, Mehrfamilienhaus. Dieses Haus wurde im Jahr 2013 in Eigentumswohnungen „aufgeteilt" und anschließend die Wohnungen einzeln an Privatpersonen verkauft. Wer hier nicht ganz daneben gegriffen (z.B. 1. OG mit Blick auf eine graue Hausmauer) hatte, hat heute ein sattes Plus auf dem Immobilienkonto. Wer jetzt lieber den Spatz in der Hand als die Taube auf dem Dach hat, verkauft die Wohnung, bezahlt die Spekulationssteuer und streicht trotzdem einen dicken Gewinn ein. Und wer diese Steuern nicht bezahlen möchte – spekuliert weiter, genießt bei einer Neuvermietung die unglaublich gute Rendite (32 m² Apartments in diesem Haus bringen nicht selten bis zu 1.000 € Kaltmiete im Monat – die hohe Kaltmiete, weil das Haus in München-Schwabing steht) und hofft, dass sich der Markt weiter so entwickelt wie bisher.

Der Punkt jedoch ist, dass sehr viele Menschen, genau wie meine Eltern eine Immobilie nicht mit dem verbinden, was sie eigentlich ist: Nämlich eine sehr solide und nachhaltige Möglichkeit zum Vermögensausbau und zur Absicherung der Rente.

Meine Eltern denken z.B. an die ganze Arbeit und den Aufwand und formulieren oft ihre Ängste wie folgt:

Was ist ...
- wenn die Mieter nicht zahlen?
- wenn Schimmel entsteht?
- wenn etwas kaputt geht?
- wenn die Bank eine Grundschuld auf das bezahlte Häuschen eintragen möchte? Das möchten wir auf keinen Fall!
- wenn die Immobilienblase kommt?
- der Wert unserer Immobilie drastisch sinkt?

Ich könnte noch einige Argumente aufzählen, die Wahrheit jedoch ist, dass eine Immobilie Freude macht und sehr viel mehr Vorteile als Nachteile bietet.

An dieser Stelle entschuldige ich mich bei allen Lesern, die bereits schlechte Erfahrungen mit einer Immobilie gemacht haben. Ich werde versuchen ihnen zu zeigen, dass man mit Kreativität und etwas Witz, jede noch so schlechte Situation in eine gute, oder zumindest in einen besseren Zustand umwandeln kann. Die Härtefälle natürlich ausgenommen, z. B. wenn ein Mieter eines Tages beschließt, dass er ab sofort nicht mehr zahlen möchte. Dies wird er auch, nach einem guten Witz von ihnen an der Haustür, nicht mehr ändern.

Wussten sie z. B., dass der klassische ❯❯ Mietnomade so selten vorkommt, dass man Ihn statistisch gesehen eigentlich gar nicht erfassen kann?

> **Info: Mietnomade**
> Der bei der Besichtigung ach so freundliche Mieter mit aussagekräftigen/einwandfreien Unterlagen zieht ein, zahlt keine Kaution und keine Miete, vermüllt die Wohnung und lässt sich dann in einem mühevollen und kostspieligen Gerichtsverfahren aus der Immobilie klagen.

Und ich meine nicht den Mieter, der seine Miete zwei Mal unpünktlich bezahlt hat oder die Nachzahlung der Nebenkosten erst drei Monate im Nachhinein bezahlen wollte. Ich rede vom echten Mietnomaden, welcher einzieht, meist keine oder nur einen kleinen Teil der Kaution bezahlt und keine einzige Miete überweist. Das Haus verschmutzt in einer Nacht- und Nebelaktion und für den Vermieter das sogenannten „worst-case-Szenario" widerspiegelt. Dass ein Mieter mal nicht zahlt oder einen Mangel anzeigt, aufgrund dessen er die Miete für einen gewissen Zeitraum mindert, ist Alltag. Aber so schlimm, mit allem was man sich in den kühnsten Alpträumen ausmalt, das passiert nur ganz, ganz selten.

Ich bin seit über zehn Jahren im Bereich der Immobilienwirtschaft tätig und hatte erst einmal mit einem richtigen Mietnomaden zu tun. Und wissen Sie was, ich hatte schon bei der Besichtigung kein gutes Gefühl. Ein junges Ehepaar, welches über einen fragwürdigen 》 Relocationservice, mit einem üppigen Gehaltszettel und einer gut inszenierten Geschichte auf mich zu kam (ich arbeitete damals in der Vermietungsabteilung einer großen Firma im Herzen von München und habe für Bauträger, Immobilienfonds und private Eigentümer Wohnungen verwaltet und vermietet). Leider sah das Pärchen überhaupt nicht nach 6.000 € netto und einem Firmenchef mit 45 Angestellten im östlichen Teil Berlins aus. Ich habe mich trotzdem überreden lassen, weil ich in der Wohnung keinen Leerstand riskieren wollte. Außerdem waren die Interessenten geübt und wussten, was sie sagen und wie sie sich verhalten müssen, dass man auf ihre Masche reinfällt – im Nachgang ein gehöriger Fehler. Dem Eigentümer aus dem Ausland kostete die Aktion sechs Monate mit unregelmäßigen Mietzahlungen und einem Anwalt, der 250 € die Stunde in Rechnung stellte.

Nach Auszug der Mietschmarotzer hielt sich der Schaden in Grenzen und es kehrte wieder Ruhe ein. Leider hatte ich einen Kunden weniger in meiner Kartei.

Info: Relocationservice
Firmen, die meist gut betuchten Menschen helfen, in einer neuen Stadt/einem neuen Land, Fuß zu fassen. Sie suchen ihnen eine Wohnung, erledigen die Anmeldungen bei den Behörden und schulen die Kinder in die, meist private, Schule ein.

Wenn Sie dieses Buch lesen, spielen Sie wahrscheinlich mit dem Gedanken, sich eine Immobilie anzuschaffen oder Sie möchten sich einfach mal vorab informieren. Auf den nächsten Seiten werde ich Ihnen auf teilweise humorvolle Art aufzeigen, wo die Fallstricke sind, auf was Sie achten sollten und was Sie tun dürfen um mit ihrer Immobilie in liebvollem Einklang zu leben.

Was Sie von diesem Buch nicht erwarten dürfen, ist ein „paragraphenbasierter Fachwissen-Wälzer", der sie in rechtlichen Fragen berät. Hierfür gibt es bereits unzählige Bücher, sehr gute Anwälte und einige gute Foren im Internet.

Kapitel 2: Warum ich Immobilien so faszinierend finde

Mal abgesehen davon, das viele schon immer die Meinung vertreten, dass Immobilien seit Jahren zu teuer sind und schon immer mit viel Stress und Arbeit assoziiert werden, haben Immobilien etwas an sich, was ich persönlich liebe und weswegen ich selbst in Immobilien investiere.

Die Frage, die sich mir immer wieder stellt ist: Was bleibt von mir, wenn ich eines Tages gehen muss? Was kann ich meinen Kindern, meiner Frau, hinterlassen und an was wird man sich erinnern, wenn ich einmal nicht mehr da bin? Neben den persönlichen Eigenschaften wie z. B. Liebe und Hilfsbereitschaft ist es mein innigster Wunsch, etwas zu hinterlassen, was auch in physischer Weise von mir auf der Welt bleibt. Was man anfassen kann und wovon man durch meine Leistung zu Lebzeiten auch noch nach meinem Ableben profitieren wird.

Um Ihnen meine Gedanken etwas zu verdeutlichen, muss ich etwas weiter ausholen und Ihnen eine kleine Geschichte aus meiner Kindheit erzählen, die mich bis heute prägt und wahrscheinlich mein ganzes Leben lang begleiten wird:

Meine Großeltern, Erna und Herbert, die ich über alles liebe, haben sich vor unzähligen Jahren eine Eigentumswohnung gekauft. Eine schöne 3-Zimmer-Wohnung mit ca. 90 m² in einem Stadtteil von Augsburg. Ich kann mich noch gut erinnern, als ich als Kind die ersten Nächte bei Oma und Opa verbringen durfte, oder wie sonntags meine Oma am Herd stand, in ihrer braunen Einbauküche mit grüner Arbeitsplatte, und für die Familie das leckerste Essen gezaubert hat. Ich kann Ihnen nicht mehr sagen, was die Wohnung einmal gekostet hatte, das spielt im Endeffekt auch gar keine Rolle. Was ich allerdings sehr gut weiß ist, dass meine Großeltern viel gespart hatten und auf einiges im Leben verzichten mussten, um diese Wohnung zu kaufen und abzubezahlen.

Heute leben meine Großeltern in einem 》 „Betreuten Wohnen", da die Wohnung im ersten Obergeschoss ohne Lift für meinen Opa nicht mehr erreichbar war. Die Mieteinnahme, die Wohnung ist mittlerweile abbezahlt, deckt die Miete für die Wohnung im „Betreuten Wohnen" und sichert meinen Großeltern bis heute ein zusätzliches, passives Einkommen zur Rente, ohne das sie sich ihren Lebensstandard nicht leisten könnten. Ein erstes gutes Beispiel, warum sich eine Immobilie definitiv lohnt! Die Mietpreise in Augsburg sind derart gestiegen, dass sich meine Großeltern ohne die Mieteinnahmen ihrer Eigentumswohnung keine neue Wohnung hätten leisten können. Sie müssen sich vorstellen, dass eine Wohnung im „Betreuten Wohnen" mit drei Zimmern und um die 70 m^2 aktuell ca. 800 € warm kostet.

Info: Betreutes Wohnen

Betreutes Wohnen ist kein Altersheim oder ähnliches, sondern ein ganz „normaler Wohnblock" der entsprechend den Anforderungen für ältere Personen gebaut wurde (ebenerdige Begehbarkeit, breite Türen, entsprechend große Badezimmer mit offenen Duschen) und mit einem Notruf-System versehen ist, mit dem man im Notfall sofort den Krankenwagen rufen kann.

Ein solches Projekt ist übrigens eine ganz hervorragende Kaufoption, wenn man für sein Alter vorsorgen möchte. Wenn Sie z. B. jetzt um die 40 Jahre alt sind, können Sie sich eine solche Immobilie heute kaufen, die Mieter 30 Jahre die Wohnung abzahlen lassen und später dann selbst „mietfrei" im Eigenheim wohnen. Allerdings Vorsicht vor Angeboten mit sogenannten Betreiberverträgen. Diese werden oft mit Pflegeimmobilien mitverkauft und als „sichere Mieteinnahme" schöngeredet. Im Endeffekt leidet aber die Rendite unter diesem Vertrag und Sie können für Ihre Wohnung keinen Eigenbedarf anmelden, wenn z. B. die Eltern oder Bekannte plötzlich eine solche Wohnung benötigen. Meist laufen die Verträge über 25 Jahre – und an die sind Sie gebunden!

Die Eigentumswohnung meiner Großeltern wurde also vermietet, es zog eine Lehrerin ein, die das meiste in der Wohnung so ließ, wie es Oma und Opa verlassen haben – was mir eigentlich ganz recht war. Beim letzten Mieterwechsel hat sich mein jüngerer Bruder dazu entschieden, in die Wohnung zu ziehen. Alles war etwas in die Jahre gekommen und musste renoviert werden: neues Badezimmer, neues WC, neue Böden und eine neue Küche. Als ich die fertige Wohnung das erste Mal gesehen hatte, wusste ich nicht, ob ich mich freuen sollte oder ob ich weinen sollte. All die schönen Erinnerungen an eine wunderbare Kindheit und die schönen Tage in der Wohnung sind der Modernisierung zum Opfer gefallen. Naja, nicht ganz! Denn jedes Mal, wenn ich in die Wohnung gehe, werden alte Erinnerungen wach und lassen mich an die schöne alte Zeit zurückerinnern. Die Räume, der Grundriss und das Gefühl in der Wohnung reichen eigentlich aus, um sich zu erinnern. Ich sehe meine Familie im Wohnzimmer sitzen, oder mich und meinen Bruder, wie wir im Kinderzimmer vor einem älteren, kleinen Fernseher Filme schauen.

Was ich damit sagen möchte, eine Immobilie, in diesem Fall die Wohnung meiner Großeltern, ist mehr als nur eine Geldanlage. Ich könnte wetten, es gibt viele Leser, die meine Gedanken gerade verstehen können. Ich werde auch noch in mehreren Jahren, wenn ich die Wohnung betrete (weil ich niemals zulassen werde, dass diese Wohnung an jemand anderen als an mich verkauft wird), immer an die schönen Tage mit meinen Großeltern erinnert.

Immobilien, die Sie kaufen, bleiben auch nach Ihrem Tod bestehen und werden, solang sie die Erben nicht zu Geld machen, mit Ihnen in Verbindung gebracht!

Und das ist das Schöne und das Faszinierende an Immobilien. Durch sie haben Sie die Möglichkeit, etwas „auf der Erde zu lassen". Ihre Kinder und Enkel haben einen Ort, an dem sie sich an Sie erinnern können. Eine schöne kleine Eigentumswohnung zur Kapitalanlage in einer schönen Stadt wird vererbt und ganz egal was die Erben mit dieser Wohnung machen, im besten Fall verstehen die Erben die Bedeutung einer

Immobilie, kann es z.B. heißen: „Weil Oma und Opa früher eine gute Entscheidung getroffen haben, deswegen können wir heute ... von den Mieteinnahmen das Studium der Kinder unterstützen ... selbst in einer schönen Wohnung wohnen ohne die teuren Mieten bezahlen zu müssen ... die Immobilie verkaufen und von dem Geld etwas (hoffentlich) Sinnvolles machen!"

Was glauben Sie, wie oft ich im Laufe meines Arbeitsalltags in München eine Wohnung vermietet habe, für die der Eigentümer nie einen Cent bezahlt hat, weil er die Immobilie geerbt hatte? Die meisten partizipieren unendlich von dieser Immobilie und Wissen den Wert, ihr Glück, sehr zu schätzen. Ebenso vielen finanziert diese Immobilie den schönen, neuen Porsche, mit dem sie durch die Straßen heizen und neidische Blicke genießen. Und alles nur, weil Oma und Opa die richtige Entscheidung getroffen und sich gegen einen Porsche und für einen Wohnungskauf entschieden haben. Nicht wenige haben aus zwei oder drei geerbten Immobilien mittlerweile sieben oder acht gemacht und vergrößern den eigenen Immobilienbestand stetig. Machen Sie den Anfang und legen Sie für ihre Kinder, Enkel und Urenkel den Grundstein für eine bessere Zukunft.

Der emotionale Wert bei einer Immobilie ist natürlich größer, wenn man selbst in dieser gewohnt hat oder gar darin aufgewachsen ist. Allerdings ist auch eine Immobilie Kapitalanlage, die Sie gekauft haben, in deren Grundbuch Ihr Name steht, ein Teil von Ihnen, der immer mit Ihnen in Verbindung gebracht wird. Da haben Sie eine Leistung vollbracht, die Ihren Nachkommen im besten Fall einen Teil ihres Lebens erleichtert. Das ist doch ein schöner Gedanke, oder?

Natürlich sollten Sie auch an sich selbst denken. Denken Sie an die Mieteinnahmen, die Sie erhalten, wenn die Wohnung bezahlt ist. Passives Einkommen ist das Beste, was Ihnen passieren kann. Natürlich müssen Sie erst geben, um dann zu nehmen. Natürlich zahlen Sie der Bank die Zinsen und tragen ein gewisses Risiko mit dem Kauf eines einer Immobilie. Wenn dann aber nach einigen Jahren jeden Monat Geld auf Ihr Konto kommt, für welches Sie quasi nichts mehr oder nur sehr wenig machen müssen, werden Sie ihrem „Vergangenheits-Ego" sehr dankbar sein. Das passive Einkommen ist eines der größten Ziele vieler Immobilieninvestoren – auch Sie sollten diese positive Eigenschaft einer Immobilie berücksichtigen.

Denken Sie an Ihre Rente. Wieviel haben Sie denn von der gesetzlichen Rente zu erwarten? Welchen Betrag bekommen Sie später von Ihrer privaten Vorsorge monatlich ausbezahlt? Welche Frage Sie sich ebenfalls stellen ist und was grundsätzlich noch wichtiger für Sie zu wissen ist: reicht Ihnen dieser Betrag zum Leben oder nur zum Überleben? Und jetzt stellen Sie sich vor, Sie kaufen zwei bis drei Eigentumswohnungen. Jede dieser Wohnungen wirft monatlich 400 € Kaltmiete ab – die Wohnungen sind bezahlt, bis Sie in Rente gehen, und Sie können 1.200 € mehr ausgeben als diejenigen, die eben nicht klug, oder überhaupt nicht investiert haben.

Kapitel 3: Warum ich dieses Buch schreibe

Im Sommer 2016 war ich wieder mal auf der Suche nach einer Kapitalanlage. Ich hatte einen gut bezahlten Job als leitender Angestellter in der Immobilienabteilung bei einem Lebensmittel-Discounter und etwas Geld auf der Seite. Nachdem ich, wie bereits beschrieben, Immobilien liebe, gab es für mich nur einen Weg, wie ich das Geld sinnvoll investiere. Es dauerte nicht lange und ich fand im Internet eine kleine Wohnung im Herzen von Augsburg. (Ja, ich habe viele Wohnungen nicht durch einen Geheimtipp, sondern ganz normal über die einschlägigen Immobilienportale gefunden und gekauft, das funktioniert in meinen Augen auch heute noch.) Kurzum rief ich den Verkäufer, einen IT-Spezialisten mit Wohnsitz auf Teneriffa an und vereinbarte einen Besichtigungstermin. Aus diesem Besichtigungstermin wurde leider nichts, da die Mieterin im Urlaub war und der Eigentümer vergessen hatte, die Termine früh genug abzuklären, das war zumindest die offizielle Geschichte.

Nachdem die Wohnung aber im Verhältnis zu vergleichbaren Objekten durchaus günstig war, blieb ich dran und machte mir einen Eindruck vom Gebäude. Alles ordentlich, alle Unterlagen sahen gut aus und die Mietzahlungen gingen regelmäßig auf das Konto des Eigentümers ein (ich lasse mir vom Verkäufer immer die Kontoauszüge zeigen, um eine lückenlose Mietzahlung bestätigt zu bekommen). Nach einem weiteren Treffen verhandelten wir den Kaufpreis und ich willigte einem Kauf „ungesehen" zu. Wir gingen zum Notar und wickelten den Kauf ab.

So etwas macht man in der Regel nicht, man kauft keine Wohnung, die man nicht gesehen hat! Allerdings bestätigen ja bekanntlich die Ausnahmen die Regel und ich musste einfach zuschlagen. Augsburg entwickelt sich super und die >> Mikrolage war unglaublich gut: direkt hinter einem großen Krankenhaus, das gerade einen großen Anbau beauftragt hat.

Info: Mikrolage

Bei der Auswahl der richtigen Immobilie kommt es nicht unwesentlich auf den Standort an, der sehr sorgfältig bedacht und gut gewählt sein muss. Dabei unterscheidet man zwischen Makro- und Mikrolage. Die Makrolage gibt die Region, die Stadt oder den Stadtteil wider. Die Mikrolage bezeichnet das nähere Umfeld, z. B. Einkaufsmöglichkeiten in der Nähe, die Anbindung an das öffentliche Verkehrsnetz oder eventuell vorhandener Straßenlärm usw.

Ein paar Wochen später vereinbarte ich mit „meiner neuen" Mieterin einen Termin zum Kennenlernen und zur Besichtigung meiner neuen Eigentumswohnung. Meine Frau und ich packten unseren damals ca. sechs Monate alten Sohn ein und fuhren von München nach Augsburg. Ich war etwas nervös und freute mich, die Wohnung endlich zu sehen und die neue Errungenschaft stolz meiner Frau zu präsentieren – man muss dazu sagen, dass ich lange auf diesen Termin warten musste, da die Mieterin einige Termine vorher aus „beruflichen und gesundheitlichen Gründen" absagen musste. Bei der Wohnung angekommen liefen wir mit unserem Sohn in den 4. Stock und landeten äußerst unsanft, nahezu steinhart, auf dem Boden der Tatsachen: Die Mieterin öffnete uns die Wohnungstür – zumindest so weit, wie es der Müll in der Wohnung zuließ. Ich war geschockt und dachte mir „das darf doch nicht wahr sein". Ich übergab den Sohnemann meiner Frau und bat sie, wieder runter zu gehen und im Auto zu warten. Eine junge Frau, ungefähr in meinem Alter, versteckte sich weinerlich hinter der Tür und ließ mich in die Wohnung.

Ein Bild des Schreckens bot sich mir in meinem Eigentum: Überall war Müll und Altpapier. Die Wohnung roch unangenehm und der Boden war klebrig. Das Waschbecken war verstopft und es schwamm eine braune undefinierbare Brühe in ihm. Die Einbauküche, die ich mitgekauft hatte, war total verdreckt und lud nicht gerade zum Kochen ein.

Man muss dazu sagen, dass ich die Wohnung möbliert gekauft habe und die Wohnung auch möbliert vermietet wurde. Was in diesem Fall doppelt schlimm war, weil ich die Möbel und einiges vom Inventar per Kaufvertrag mitgekauft hatte und vieles davon, zumindest auf den ersten Blick, reif für die Tonne war.

Nachdem ich mich einige Minuten sammeln konnte, suchte ich das Gespräch mit der Mieterin. Sie war, wie gesagt, in meinem Alter, wirkte nicht ungepflegt und hatte eine gut bezahlte Arbeitsstelle in dem benachbarten Krankenhaus. Irgendwas passte hier nicht zusammen – wir unterhielten uns ca. 20 Minuten, in denen ich versuchte zu erfahren, wie es so weit kommen konnte. Das Wichtigste war jetzt, nicht überzureagieren, sondern ein gutes Verhältnis aufzubauen und Vertrauen zu schaffen. Manch anderer wäre bestimmt wutentbrannt davongelaufen und hätte alle möglichen Hebel in Bewegung gesetzt oder wäre in Panik verfallen. Aber am Ende versprach sie, bis zum nächsten Treffen alles aufzuräumen und die Wohnung wieder „in Schuss" zu bringen.

Nachdem ich ihr vier Wochen Zeit ließ und sie wieder mal einige Termine verschoben hatte, trafen wir uns wieder in der Wohnung – es war nicht besser, im Gegenteil, ich hatte das Gefühl, es wurde immer schlimmer. Sie versicherte mir wieder, dass sie aufräumen würde und versprach Besserung. Ich habe mich wieder überreden lassen und vereinbarte einen weiteren Termin in ein paar Wochen.

Zwischenzeitlich erzählte ich meiner Familie und einigen Freunden von dem Vorfall und erfuhr genau das, was die meisten von Ihnen bestimmt beim Lesen schon gedacht haben. Es wurde der „Schwarze Peter" förmlich an die Wand gemalt. Sprüche wie: „Das wird nie mehr was mit der, die verarscht dich", und „die Wohnung kannst du abschreiben, das war ja wohl ein Griff ins Klo!", sind nur einige Beispiele davon, wie über die Situation gedacht wurde. Man muss dazu sagen, dass ich in diesem Fall Glück im Unglück hatte, da die Mieterin weiterhin brav und pünktlich ihre Miete bezahlte. Mir wurde klar, dass die Wohnung nach wie vor ein guter Deal war, ich musste nur einen guten Weg finden, wie ich die Mieterin „wieder auf Spur bekomme". Weitere Treffen blieben ergebnislos, die Wohnung war vermüllt, mal etwas weniger, mal etwas mehr.

Info: Die rechtliche Lage
Was sie über die Situation wissen sollten: Rein rechtlich gesehen hat der Eigentümer keinen Einfluss darauf, wie ein Mieter in seiner Wohnung wohnt. Wenn sich der Mieter, z.B. zwischen 657 Pfandflaschen in seiner Wohnung wohlfühlt und sich niemand über Gerüche oder andere Störfaktoren beschwert, ist man als Eigentümer machtlos. Erst wenn das Eigentum in Gefahr ist, sich z.B. Feuchtigkeit o.ä. in der Wohnung bildet, darf man eingreifen. Das nennt man dann „unsachgemäße Handhabung" der Immobilie. So lange der Mieter die Miete ordentlich entrichtet, muss man ihm seine Freiheit lassen und darf sich nicht in seinen Lebensstil einmischen. Manche Menschen haben einfach ein anderes Verständnis von Wohnqualität oder Sauberkeit als Sie. Erst wenn Ihr Eigentum in Gefahr ist, sprich die Immobilie durch den Mieter Schaden nimmt, dürfen und können Sie handeln.

Beim letzten Treffen in der Wohnung (meine Geduld war fast am Ende, denn der Zustand der Wohnung änderte sich nicht wirklich zum Positiven) wurde es mir dann zu bunt und ich wollte endlich handeln. Kurzum ich fragte sie ziemlich direkt (es war gegen Mittag, ich schätze 11:30 Uhr): „Wie lange haben sie Zeit, bis sie zur Spätschicht müssen?" – „Noch ungefähr vier Stunden", antwortete sie, „dann beginnt meine Schicht."

Was ich dann gemacht habe, hätten wahrscheinlich die wenigsten gemacht – der Schritt stellte sich aber als der richtige heraus, denn von nun an wurde alles besser:

Wir räumten ca. vier Stunden zusammen auf. Ich brachte ganze drei Stunden lang Müllsäcke vom vierten Stock, ohne Aufzug, runter in das Erdgeschoss und da dann in die Tonne und half meiner Mieterin, das Chaos zu beseitigen – ich saugte und versuchte das Waschbecken, mit von mir im Supermarkt organisiertem Rohrreiniger, wieder in Gang zu bringen. Wir waren wirklich fleißig. Nach drei Stunden konnte sich das Ergebnis sehen lassen, die Wohnung war nicht wiederzuerkennen – dennoch war noch einiges zu tun.

Nun musste ich noch einen Weg finden, wie die Mieterin diese Ordnung beibehält und nicht wieder in alte Muster verfällt – man weiß ja nie. Ich grübelte und hatte nach kurzer Zeit die richtige Lösung. Nach ebenso kurzer Rücksprache mit der Mieterin habe ich ihr eine Reinigungskraft besorgt, die regelmäßig kommt und die Wohnung aufräumt.

Tipp für alle in einer ähnlichen Situation: Ich bot ihr an, eine Putzfrau zu beauftragen und diese Kosten auf den Mietpreis umzulegen. Auf unzähligen Internetplattformen gibt es zahlreiche Putzkräfte die auf „450€" Basis einen Job suchen und wirklich gute Arbeit verrichten. Einen Stundenlohn von 12 bis 15 € halte ich, je nach Region, für angemessen. Die Putzkraft wird ordnungsgemäß angemeldet und ich kann die Ausgaben noch dazu von der Steuer absetzen. Ab sofort kommt alle 14 Tage am Mittwochnachmittag für zwei Stunden jemand und macht die Wohnung sauber. Die Mieterin zahlt nur wenig Miete mehr, lebt jetzt aber in einem sauberen „Serviced Apartment".

Grundsätzlich hat die Lösung zwei Vorteile für mich, die ich nun vollkommen kostenneutral (die Kosten für die Putzfrau habe ich auf die Nebenkosten umgelegt und eine „Wohnung mit Service" vermietet = neuer Mietvertrag) genießen darf:

Ich habe jetzt „eine gute Fee" in der Wohnung, die mir ganz selbstständig sofort mitteilen wird, wenn sich der Zustand verschlechtern wird (schließlich möchte die Putzkraft dann mehr Geld, weil diese mehr Zeit in der Wohnung verbringen wird).

Ich weiß, dass in meiner Kapitalanlage ab sofort Ordnung herrscht und sich meine Mieterin wieder wohl fühlt und gerne nach der Arbeit nach Hause kommt.

Was ich mit diesem Beispiel ausdrücken will ist, dass man mit etwas Geduld und einer guten Idee fast jede Situation drehen kann. Die meisten meiner Bekannten rieten mir sofort zu einem Anwalt zu gehen und die Mieterin „rauszuklagen". Etliche hätten genau das in meiner Situation auch getan.

Wäre ich wirklich gleich zu Beginn den rechtlichen Weg gegangen, dann hätte auch ich eine schöne Geschichte erzählen können, wie stressig und aufwendig es ist, Immobilieneigentümer zu sein und wie schlecht alle Mieter auf dieser Welt mit ihren Mietwohnungen umgehen.

Aber genau das wollte ich nicht und rate nur jedem Eigentümer und auch zukünftigen Eigentümer in einer ähnlichen Situation, die Zeit und die Gedanken zu investieren und nach einer einvernehmlichen Lösung zu suchen. Sie sparen sich meist sehr viel Zeit und, was noch viel wichtiger ist, sehr viel Nerven. Im Endeffekt kostete mich die ganze Aktion ungefähr fünf Stunden meiner Zeit und ca. 85 € an Reinigungsmittel und Benzin, die ich natürlich steuerlich geltend mache und die Situation war ganz ohne Streit und Ärger gelöst.

Viel mehr noch, ich konnte meiner Mieterin helfen, ihre Wohnsituation wieder in den Griff zu bekommen und habe noch etwas Gutes tun können. Meine Mieterin ist kein schlechter Mensch oder ein „Messi" – sie arbeitet viel und hat irgendwann den Überblick verloren und ist in einen Strudel geraten, aus dem sie alleine nicht mehr herauskam.

Und weil die meisten eben nicht „meinen" Weg gewählt hätten, sondern sich sicher waren, dass man die Situation nur durch einen Streit und einen guten Anwalt klären könne, habe ich mich auch dazu entschieden dieses Buch zu schreiben und Ihnen einen anderen Blick, ein anderes Gefühl für das Thema Immobilien zu vermitteln.

Mein Rat an alle, die Probleme mit ihren Mietern haben: Versuchen Sie, die Situation erstmal zwischenmenschlich zu lösen. Viele Menschen auf dieser Welt haben Probleme und brauchen einfach nur ein bisschen Hilfe, bevor alles wieder gut wird. Wenn das alles nichts hilft, können sie immer noch wütend werden und zu einem Anwalt gehen. Nur zurückrudern, das können sie nicht mehr. Und ich bin mir fast ganz sicher, dass ich bei meinem Beispiel mit einem Gang zum Anwalt mehr Zeit, mehr Geld und mehr Nerven verschwendet hätte, bevor das Problem gelöst worden wäre.

Im Übrigen ist diese Anekdote mittlerweile über zwei Jahre her und die gleiche Mieterin lebt immer noch in der gleichen Wohnung. Die Miete kommt weiterhin lückenlos und pünktlich. Die Putzfrau sparen wir uns mittlerweile übrigens ...

Kapitel 4:
Mehrwert für Sie
als Leser

Nun haben Sie etwas über mich und meine Geschichte gelesen. Sie wissen jetzt, dass ich Immobilien sehr gerne mag und warum ich dieses Buch schreibe. Nun ist die Frage, was bringt es Ihnen, wenn Sie dieses Buch lesen und vielleicht sogar verinnerlichen?

In meinem Umfeld kenne ich viele Menschen, die sehr gerne auch eine Immobilie kaufen möchten. Der einzige Grund, warum diese Menschen nicht bereits gekauft haben ist, dass niemand so richtig weiß:
- Wo fange ich an?
- Wie fange ich an?
- Kann ich mir das überhaupt leisten?
- Und so weiter ...

Der Zugang zur Branche ist sehr schwer. Wenn ich einen Makler anrufe und diesen mit meinen Fragen belästige, bekomme ich dann die Antwort, die ich gerne haben möchte? Oder will der Makler nur wieder das verkaufen, was er eben gerade im Angebot hat?

Der Mehrwert, den ich Ihnen als Leser mit meinem Buch vermitteln möchte ist, dass Sie selbst als branchenfremder Immobilieninteressent die ersten Schritte in Richtung Immobilienkauf gehen können. Ich möchte Ihnen die Fragen beantworten, die ich mir am Anfang auch gestellt habe und möchte Ihnen somit eine Art Betriebsanleitung zum Immobilienerwerb an die Hand geben.

Woraus nehme ich dieses Wissen? Zum einen bin ich schon seit über zehn Jahre beruflich in der Immobilienbranche tätig. Als Immobilienfachwirt (IHK) bin ich aktuell auf dem Wege zum Immobilienökonom (IREBS). Das bedeutet, ich kenne die Branche aus dem „ff" und habe die wichtigen Themen von Grund auf gelernt.

Was aber noch viel wichtiger ist, ich selbst kaufe privat Immobilien. Es ist für mich wie eine Sucht – gute Immobilien zu finden und diese zu kaufen. Allerdings habe ich selbst die ersten Immobilien mühevoll gesucht.

Ich suche auch heute noch jede Immobilie sorgfältig selbst aus und beobachte den Markt. Wenn Sie glauben, ein Immobilieninsider bekommt Schnäppchen geliefert, dann liegen Sie falsch. Schnäppchen gibt es so gut wie keine mehr. Jemand, der ein Schnäppchen verkauft, weiß meist nicht, dass es ein Schnäppchen ist, weil er sich nicht damit beschäftigt hat oder weil er einen schlechten Makler oder Berater gehabt hat. Hier geht es darum, wer der schnellste ist. Natürlich hat man mit der Zeit gute Kontakt, die einem auch Tipps geben. Aber in dieser Branche ist jeder sich selbst der Nächste – Sie müssen sich das Wissen aneignen und sich um Ihre Investments kümmern.

Auch ich selbst muss Immobilien finanzieren und bei den Banken einen guten Eindruck hinterlassen. Meine Unterlagen müssen in Ordnung sein und ich bin auf einen guten Draht zu Banken bedacht, damit diese meine Immobilien finanzieren.

Auch ich habe selbst beim Notar gesessen und mich gefragt, was da eigentlich alles für Unsinn in diesen Verträgen steht. (Damals fragte ich mich das – heute nicht mehr, denn ich war bereits privat und beruflich unzählige Male bei verschiedensten Notaren und verstehe nun, warum und was da in diesen Verträgen steht.)

Und wissen Sie was? Auch für mich war der Einstieg nicht leicht. Damals, als ich meine erste Wohnung gekauft habe, da war mein Netzwerk noch nicht annähernd so groß wie heute. Ich hatte keinen gut bezahlten Job, sondern war Mitarbeiter in der Vermietungsabteilung eines Münchner Immobilienunternehmens mit einem Durchschnittsgehalt im unteren Bereich. Ich musste mich genauso bei der Bank beweisen und bewerben, wie wahrscheinlich viele von Ihnen das heute auch müssen.

Was ich Ihnen damit sagen möchte ist, dass ich die gleichen Schritte gehen musste, die Sie wohl auch gehen werden. Selbstverständlich hatte ich die eine oder andere Telefonnummer in meinem Handy, die ich anrufen konnte und um Hilfe fragen konnte. Sie dagegen haben vielleicht keine Telefonnummern in ihrem Handy, halten dafür jetzt aber dieses Buch in Ihren Händen.

In den nachfolgenden Kapiteln erkläre ich Ihnen jeden Schritt, den ich gegangen bin. Ich gebe Empfehlungen ab, wie ich es gemacht habe und ich es auch heute noch mache. In der Immobilienbranche gibt es viele Wege und Meinungen, die richtig sein können.

Ich behaupte nicht, dass „mein Weg" der Beste ist – allerdings besitze ich heute mehr als eine Immobilie, das heißt, ich bin den Weg öfter gegangen und es hat mehr als einmal funktioniert.

Kapitel 5: So schaffen Sie den Einstieg

Schritt 1: Legen Sie einen finanziellen Rahmen fest

Der Immobilienkauf besteht in meinen Augen aus zwei Komponenten. Zum einen sind es die nüchternen Zahlen, die beim Kauf einer Immobilie immer genauestens unter die Lupe genommen werden sollten, zum anderen ist es das Bauchgefühl, der „Wohlfühlfaktor", den Sie haben sollten, wenn Sie sich für ein Objekt entscheiden. Es gibt einen sehr guten und wahren Spruch, im Zusammenhang mit der Kaufpreisfindung: „Zahlen Sie genau so viel, wieviel die Immobilie für Sie persönlich wert ist!"

In erster Linie müssen Sie sich über Ihren finanziellen Rahmen im Klaren werden. Im Grunde gibt es zwei Faustformeln, mit denen Sie Ihr Budget ganz leicht errechnen können und die Sie zu beachten haben. Der Anteil Ihres Eigenkapitals bestimmt Ihren Rahmen. Wichtig hierbei sind die Kaufnebenkosten, die sogenannten weichen Kosten. Diese müssen Sie bezahlen, wenn Sie eine Immobilie kaufen, aber sie fließen nicht in den Wert der Immobilie ein oder steigern den Wert ihrer Immobilie.

Kaufnebenkosten, mit denen Sie immer rechnen müssen:

- Grunderwerbssteuer (je nach Bundesland – siehe Tabelle)
- Notar- und Grundbuchkosten (ca. 2% vom Kaufpreis)
    - Kosten für die Auflassungsvormerkung
    - Kosten für die Eintragung der Grundschuld

Kaufnebenkosten, mit denen Sie unter Umständen rechnen müssen:

- Maklerprovision (je nach Bundesland zwischen 3 und 7% vom Kaufpreis)
- Kosten für ein Gutachten

Weitere Kosten, die sich aber wertsteigernd auf die Immobilie auswirken:

- Sanierungskosten
- Renovierungskosten

Grundsätzlich können Sie zwei Rechnungen aufstellen, wieviel Eigenkapital Sie mindestens haben sollten, bevor Sie zur Bank gehen und um eine Finanzierung bitten:

1) Sie kaufen eine Immobilie mit der Hilfe eines Maklers: Dann sollten sie mindesten 10% (je nach Bundesland) des Kaufpreises als Eigenkapital haben.

2) Sie finden eine Immobilie ohne Makler: Dann sollten Sie etwa 6,5% (je nach Bundesland) des Kaufpreises selbst aufbringen können.

Aber Achtung, je nach Bundesland ist die Grunderwerbssteuer unterschiedlich. Die oben genannten Prozente basieren auf der Grunderwerbssteuer in Bayern, die aktuell bei 3,5% liegt. In Niedersachen z. B. müssen sie mit 5% rechnen und benötigen entsprechend 1,5% mehr Eigenkapital, bezogen auf den Kaufpreis.

Nachfolgend noch eine Tabelle mit den aktuellen Hebesätzen für die Grunderwerbssteuer:

Bundesland	Steuersatz alt	Erhöhung ab	Steuersatz neu
Baden-Württemberg	3,5%	05.11.2011	5,0%
Bayern	3,5%	keine Anpassung	
Berlin	4,5%	01.01.2014	6,0%
Brandenburg	5,0%	01.07.2015	6,5%
Bremen	4,5%	01.01.2014	5,0%
Hamburg	3,5%	01.01.2009	4,5%
Hessen	5,0%	01.08.2014	6,0%
Mecklenburg-Vorpommern	3,5%	01.07.2012	5,0%
Niedersachsen	4,5%	01.01.2014	5,0%
Nordrhein-Westfalen	5,0%	01.01.2015	6,5%
Rheinland-Pfalz	3,5%	01.03.2012	5,0%
Saarland	5,5%	01.01.2015	6,5%
Sachsen	3,5%	keine Anpassung	
Sachsen-Anhalt	3,5%	01.03.2012	5,0%
Schleswig-Holstein	5,0%	01.01.2014	6,5%
Thüringen	5,0%	01.01.2017	6,5%

(Stand 01.01.2017)

Beispiel:

Wir gehen, der Einfachheit halber, von einer Wohnung in Bayern zu einem Kaufpreis von 100.000 € aus:

Makler 3,57%	ca. 3.570 €
Grunderwerbssteuer: 3,5%	ca. 3.500 €
Notar: 1,5%	ca. 1.500 €
Grundbuch 0,5%	ca. 500 €
Gesamt	9.070 € = 10.000 €

Die in diesem Beispiel anfallenden 10.000 € sind die Summe aller Kaufnebenkosten (weiche Kosten), die Sie beim Kauf einer Kapitalanlage in Bayern hätten.

Tipp: Runden sie bei der Immobilienberechnung, was die Kosten angeht, immer auf und wenn es sich um Einnahmen handelt immer ab.

Sollten Sie also eine Wohnung kaufen, die von einem Makler angeboten wird und die 100.000 € kostet, sollten Sie mindestens 10.000 € Eigenkapital besitzen. Es gibt auch Banken, die bis zu 110 %, sprich inklusive den Kaufnebenkosten (den weichen Kosten – wie oben beschrieben), finanzieren. Das kann ich allerdings nicht empfehlen, da in meinen Augen eine gesunde und nachhaltige Finanzierung schon bei 100 % sehr gut berechnet sein muss. Schließlich soll die Immobilie ja irgendwann einmal bezahlt sein.

Je mehr Eigenkapital Sie einbringen, desto besser ist es und desto besser wird der Zins. Ich rate Ihnen allerdings, aufgrund der Eigenkapitalrendite bei einer Kapitalanlage, nie mehr als 20 % von Kaufpreis als Eigenkapital einzubringen.

In meinen Augen ist die perfekte Finanzierung eine 90 %-Finanzierung. Sie bieten der Bank einen geringen Teil Eigenkapital an, gerade so viel, dass es für die Kaufnebenkosten und eine kleine „Anzahlung" reicht. Das macht Ihren Verhandlungsspielraum bei den Konditionen wesentlich besser als bei einer 100 %-Finanzierung. Probieren Sie es aus, einige Banken sind wesentlich gesprächsbereiter, was den Zins angeht, wenn sie 5 % oder 10 % Eigenkapital plus Kaufnebenkosten mitbringen, als bei einer 100 %- oder gar 110 %-Finanzierung.

Um das nochmal zu verdeutlichen: Wenn Sie 30.000 € auf der Seite haben, können sie eine Wohnung für 100.000 € mithilfe eines Maklers kaufen und leihen sich 80 % von der Bank. Das ist die „Musterfinanzierung", die jeder Banker gerne hat. Bei der oben genannten Konstellation kann der Banker am besten „rechnen" und wird Ihnen im Verhältnis zu einer 100 % Finanzierung einen deutlich besseren Zinssatz anbieten.

Dennoch, mein Tipp für Sie: Wenn Sie ca. 30.000 € Eigenkapital haben und das Geld in Immobilien investieren möchten, rate ich Ihnen, lieber gleich zwei oder drei Wohnungen zu einem Kaufpreis von ca. je 200.000 € zu kaufen. Zum einen, um das Risiko zu streuen und zum anderen, um eine bessere Eigenkapitalrendite zu erreichen.

Eine entsprechende Excel-Tabelle zum genauen Berechnen der Rendite gibt es im Internet. Wenn Sie an einer Renditeberechnung von mir interessiert sind, lade ich Sie gerne dazu ein, diese auf meiner Homepage: www.etk.de/renditerechner herunterzuladen.

Aber, unter uns gesprochen, bevor ich keine Immobilie kaufe, kaufe ich lieber eine Immobilie mit einer 110%-Finanzierung, vorausgesetzt die Rechnung geht auf und die Bank spielt mit.

Natürlich sei gesagt, dass die oben beschriebene Regel wahrscheinlich den Standard beschreibt. Ich kenne etliche Kollegen, die sich Investoren nennen, also Profis auf dem Gebiet der Kapitalanlage sind, und die im Osten Deutschlands oder im Ruhrgebiet Mehrfamilienhäuser gekauft haben, deren Rendite so gut ist, dass eine 110%-Finanzierung überhaupt kein Problem darstellt.

Ich gehe jetzt aber davon aus, dass der durchschnittliche Kapitalanleger keine teilweise hoch riskanten Mehrfamilienhäuser in C- oder D-Lagen kaufen wird, sondern eine solide Kapitalanlage mit einer soliden Finanzierung sucht.

Definition der Lagen:

Im Bereich der Gewerbeimmobilie unterscheidet man die Lage nach folgenden Einstufungen:

- 1A-Lage
- 2A-Lage
- 1B-Lage
- 2B-Lage

Als 1A-Lage bezeichnet man die bestmöglichen Lagen, z. B. im innerstädtischen Bereich. Benchmarks (s. S. 36) für die Einstufung sind unter anderem auch die Passantenfrequenz und ein minimaler, bzw. nicht vorhandener Leerstand. B-Lagen sind dann meist in Nebenstraße zu finden und grenzen direkt an die A-Lagen an.

Gleiches Prinzip wende ich bei der Einstufung der Wohnimmobilienlage an. Die 1A-Lage ist die Top-Lage, meist, in innerstädtischen Bereichen mit nahezu perfekter Anbindung an die öffentlichen Verkehrsmittel, eine ausgezeichnete Versorgung durch Einkaufsmöglichkeiten in unmittelbarer Nähe sowie und die sehr gute Möglichkeit der Freizeitgestaltung. Auch Villenviertel oder Lagen an Seen können zu den A-Lagen zählen. Die Wohnung in A-Lagen sind meist die teuersten, weil die Nachfrage nach diesen Wohnungen am größten ist.

B-Lagen hingegen befinden sich meist etwas außerhalb und sind schlechter an die öffentlichen Verkehrsmittel angebunden oder haben keine Einkaufsmöglichkeiten in der Nähe. Die Nachfrage nach diesen Wohnungen ist entsprechend niedriger.

Weitere Kriterien für die Lage sind unter anderem:

- Qualität der Ruhe
- Zustand in der unmittelbaren Nachbarschaft
- Anbindung an die öffentlichen Verkehrsmittel (Bus und Bahn)
- Anbindung an Autobahnen und Zubringerstraßen
- Verfügbarkeit der Arbeitsplätze in unmittelbarer oder mittelbarer Umgebung (Benchmark (s. S. 36) hierfür kann auch die offizielle Arbeitslosenzahl der Stadt oder Gemeinde sein)
- Standort verfügt über Universitäten und/oder Hochschulen

Persönliche wirtschaftliche Verhältnisse

Ebenso wichtig, wie die Lage der Immobilie, sind Ihre persönlichen wirtschaftlichen Verhältnisse, kurz gesagt, wie gut Ihre Haushaltsrechnung aufgestellt ist. Hier einen Richtwert zu geben ist extrem schwer, da jeder von Ihnen andere finanzielle Verhältnisse hat und es auch verschiedenste Banken mit verschiedenen internen Vorgaben an die Kreditvergabe gibt. Sagt Ihnen Bank A aus irgendeinem Grund ab – ist das für Bank B überhaupt kein Thema.

> **Tipp**: Als Haushaltsrechnung bezeichnet der Kreditgeber, also die Bank, die Gegenüberstellung der Einnahmen mit den Ausgaben. Ist hier ein gesundes Verhältnis vorhanden, bestehen gute Chancen für einen Immobilienkredit. Viele Banken sehen es sehr gerne, wenn Sie zum Termin mit einer möglichst lückenlosen und ansprechenden Haushaltsrechnung samt aller erforderlichen Unterlagen (Gehaltsnachweise, Kontoauszug mit Nachweis des Einkommens, Kreditverträge, Versicherungsverträge, etc.) erscheinen. Ein organsierter Auftritt und eine klare Darstellung Ihrer finanziellen Verhältnisse verschafft Ihnen einen guten Eindruck bei der Bank und trägt somit bei, dass Sie eine gute Finanzierung angeboten bekommen.

Grundsätzlich aber könnte man die persönliche Voraussetzung wie folgt zusammenfassen:

Sie sollten über ein nachhaltiges Einkommen verfügen. Nachhaltigkeit ist bei Banken sehr wichtig. Das bedeutet, wenn Sie als Selbstständiger nur ein oder zwei gute Monate nachweisen können, ist das nicht nachhaltig. Wenn Sie als Angestellter ihren Weihnachtsbonus (insofern dieser nicht im Arbeitsvertrag steht) mit angeben, ist dieser nicht nachhaltig, da die Bank nicht weiß, ob Sie diesen im nächsten Jahr wieder ausgezahlt bekommen.

Nachhaltig ist also Ihr Gehalt bzw. sind Ihre monatlichen Einnahmen, die „komme was wolle" jeden Monat zuverlässig auf Ihrem Konto eingehen.

Im Übrigen zählen hierzu auch die Mieteinnahmen, die Sie, wenn Sie die Tipps in diesem Buch umsetzen, mit Ihrer gekauften Immobilie erzielen.

Die meisten Banken finden Sie interessant, wenn Sie über 2.000 € (netto) im Monat verdienen. Und Sie sollten natürlich weniger Ausgaben haben, als Sie einnehmen. Das versteht sich aber von selbst. Das bedeutet, jeder Fernseher, den Sie finanziert haben, jedes Leasingfahrzeug, jeder Handyvertrag wird von der Bank „negativ" angesehen. Zum einen belasten derartige Verbindlichkeiten Ihren Schufa Score (manche Banken arbeiten mit der Schufa – andere wieder nicht), zum anderen verschlechtert sie Ihre Haushaltsrechnung weil die Ausgaben unter Umständen zu hoch sein könnten. Achten Sie auf jeden Fall darauf, dass Sie hier ein gesundes Verhältnis erreichen.

Prüfen Sie vor dem Weg zur Bank dieses Verhältnis. Haben Sie z. B. einen Fernseher finanziert, prüfen Sie, ob Sie diesen nicht besser gleich bezahlen und somit die Finanzierung auflösen. Das kostet Sie eventuell eine kleine Vorfälligkeitsentschädigung, dafür könnten Sie bei der Bank einen besseren Zins bekommen, der sich auf eine Laufzeit von 10 oder gar 15 Jahren mit Sicherheit bezahlt macht. Versuchen Sie also vor Ihrem Termin bei der Bank Ihre finanzielle Situation zu bereinigen. Fertigen Sie eine Aufstellung ihres Vermögens an, eine Art Selbstauskunft. Legen Sie dieser Aufstellung ein Foto bei (kein Urlaubsfoto oder ähnliches – ein seriöses, ehrliches Foto von Ihnen) und drucken Sie diese nebst Einkommensnachweis und Eigenkapitalnachweis auf dickerem Papier aus.

Werbung: Ich habe eine App entwickelt, in der Sie ein solches Dokument mit Foto ordentlich aufbereiten können. Dem müssen Sie dann nur noch Ihre persönlichen Unterlagen beifügen.

Und um diese Frage gleich vorwegzunehmen: Ja! Sie müssen Ihr Vermögen (egal ob klein oder groß) der Bank offenlegen.

Bedenken Sie: Sie möchten etwas von der Bank, nicht andersherum.

Eine ebenso wichtige Frage ist, was passiert, wenn der Hauptverdiener in der Familie aus- oder gar wegfällt? Banken müssen das Risiko geringhalten und berechnen jedes Risiko mit einem für Sie teuren Zinsaufschlag. Eine gute Lösung für das „Hauptverdiener-Problem" wäre z. B. die Bereitschaft, eine Risikolebensversicherung in Höhe des Darlehens abzuschließen. Holen Sie sich in diesem Fall bereits Angebote ein und signalisieren Sie dem Banker, dass Sie auch bereit sind, diese Versicherung über die Bank abzuschließen, falls diese ein passendes Produkt anbietet.

Zusammenfassung:

- Einkommen prüfen – ca. 2.000 € (netto) sind super!
- Kredite prüfen – können Sie etwas ablösen?
- Plan B aufzeigen – was passiert, wenn der Hauptverdiener wegfällt?
- Vermögensaufstellung anfertigen
- Unterlagen sauber zusammenstellen und kopieren

Ob Sie es glauben oder nicht, nebst den nüchternen Zahlen, zählen sehr oft auch der Nasen- und Sympathiefaktor. Wenn die Bank das will, macht diese mehr für sie möglich, als Sie sich vorstellen können.

Schritt 2: Termine bei den Banken

Vereinbaren Sie Termine bei verschiedenen Banken. Bei Ihrer Hausbank, bei zwei oder drei Mitbewerbern und bei einem Finanzierungsvermittler, der wie ein Makler für Finanzierungen auftritt, wie z. B. die Interhyp oder ähnliche. Besprechen Sie mit den Mitarbeitern der Bank Ihr Vorhaben und bitten diese, ihren finanziellen Rahmen zu prüfen. Bereiten Sie sich gut auf den Termin vor. Nehmen Sie Ihre Vermögensaufstellung, die Gehalts-/Einkommensnachweise und einen Auszug aus ihrem Eigenkapitalvermögen (hiermit meine ich entweder einen Kontoauszug auf dem das Eigenkapital ersichtlich ist, eine Aufstellung von Immobilienvermögen welches unbelastet (schuldenfrei) ist oder eine Auflistung genereller Vermögenswerte, die für eine Bank als Sicherheit interessant sein könnten (Gold, Schmuck, etc.) mit. Sollten Sie bereits eine bezahlte Immobilie besitzen oder ein Immobilie gekauft haben, die im Wert bereits gestiegen ist, nehmen Sie diese Unterlagen mit und bereiten alles in einer ordentlichen Mappe auf. Zeigen Sie dem Bankberater mögliche Objekte, die sie bereits ausgewählt haben und sprechen sie mit ihm über Ihr Vorhaben.

Wichtig ist, dass Sie einen möglichst seriösen und nachhaltigen Eindruck hinterlassen. Der Bankberater muss wissen, dass Sie wissen was Sie tun. Je nachdem wie gut Sie sich und Ihren Plan verkaufen, werden Sie auch einen größeren finanziellen Rahmen erhalten.

Wichtig: Sagen Sie dem Banker, was genau Sie erwarten. Fragen Sie nicht zu viel, sagen Sie ihm vielmehr was Sie gerne hätten. Sagen Sie ihm genau, dass Sie z. B. möglichst viele Objekte kaufen möchten und dass Sie so wenig wie möglich Eigenkapital in die Immobilien investieren möchten. Geben Sie freundlich und sympathisch vor, was Sie suchen. Prüfen Sie, ob Ihnen Ihr Gegenüber das auch anbieten kann. Falls Ihr Ansprechpartner nicht der Richtige für Ihr Vorhaben ist, vereinbaren Sie eben einen neuen Termin bei einer anderen Bank. Es gibt tausende Banken und Baufinanzierer in ihrer Umgebung. Sie müssen nur den für Sie richtigen Partner finden.

Geben Sie sich nicht mit den Auskünften und Informationen von nur einer Bank zufrieden. Am besten haben Sie zwei oder drei Banken, bei denen Sie bei Kaufinteresse finanzieren könnten. Das ist auch wichtig um die Angebote zu vergleichen und die Banken in eine Art „Konkurrenzkampf" zu verwickeln.

Machen Sie sich ein Bild darüber, wie hoch die Zinsen ausfallen werden. Lassen Sie sich vom Banker eine **》** Benchmark geben, die Ihnen einen Überblick über die Zinssituation gibt. Das ist wichtig, wenn Sie später eine Immobilie berechnen möchten und den **》** Cashflow und den Kapitaldienst (Zins und Tilgung) im Gegensatz zu den Mieteinnahmen kalkulieren

Info: Benchmark

Eine Benchmark ist ein Vergleichsmaßstab. Als Benchmarking wird die vergleichende Analyse von Ergebnissen oder Prozessen mit einem festgelegtem Bezugspunkt bezeichnet. Eine mögliche Benchmark im Bereich der Immobilie könnte zum Beispiel eine Mindestrendite sein – diese kann dann zwischen den einzelnen Objekten verglichen werden.

Info: Cashflow

Als Cashflow bezeichnet man den in einem bestimmten Zeitraum erwirtschafteten Zahlungsmittelüberschuss einer Immobilie. Die Einnahmen und Ausgaben werden gegenübergestellt um somit eine Beurteilung der finanziellen Struktur der Immobilie zu erhalten.

Bitten Sie um eine Art Finanzierungsbestätigung über einen von Ihnen gewünschten Betrag, den Sie in Schriftform immer mit zu Ihren Besichtigungen nehmen. So zeigen Sie der Verkäuferseite, dass Sie sich bereits Gedanken gemacht haben und suggerieren eine schnelle Abwicklung.

Nachdem dieses Buch aber nur ein Ratgeber sein soll und ich Sie nicht zu einem Finanzierungsexperten ausbilden möchte, lasse ich das Thema bei denen, die sich wirklich damit auskennen und Immobilienfinanzierungen hauptberuflich vermitteln.

Achtung: Viele Banker werden mit einer Provision bezahlt und müssen möglichst viele Produkte bzw. Dienstleistungen verkaufen. Ein Thema, das mich immer wieder „belastet" hat, war hierbei der ständige Versuch mir einen Bausparvertrag zu verkaufen. Ich sage nicht, dass Bausparverträge grundsätzlich verkehrt sind, ich sage nur, dass man vor Abschluss eines solchen Vertrages die Kondition und die Nützlichkeit genauestens prüfen sollte. Ich persönlich halte einen Bausparvertrag für eine Kapitalanlage nicht geeignet – die monatlichen Kosten steigen immens und belasten Ihre Haushaltsrechnung negativ. Ebenso beginnen Sie bei einem Bausparvertrag immer im Minus, da Sie die Abschlussgebühren und die Provision bezahlen müssen. Bei einem Bausparvertrag mit der Summe von 100.000 € beginnen sie bei minus 1.000 € (meist ein Prozent der Bausparsumme geht für Abschlussgebühren und Provisionen ins Minus).

Ich für meinen Teil bilde lieber Reserven in Form von monatlichen Sparraten auf ein separates Konto. Das hat den Vorteil, dass sie mit diesem Geld extrem flexibel sind und entscheiden können ob Sie es für die neuen Fenster in der Kapitalanlage ausgeben oder für das private Auto, das zu einem ungünstigen Zeitpunkt kaputt geht. Gegebenenfalls können Sie sogar neues Eigenkapital für eine weitere Immobilie aufbauen.

Ein weiteres Bespiel: Meine Oma hat vor einigen Jahren, ich glaube es war 2013, einen Bausparvertrag für mich abgeschlossen. Hierbei geht es um eine Summe von 20.000 €. Als dieser Bausparvertrag fällig wurde, hat mich die Bank zu einem Gespräch eingeladen. Nachdem ich zu diesem Zeitpunkt sowieso auf der Suche nach einer neuen Kapitalanlage war, war der Zeitpunkt für mich richtig. Ich ging mit einem sehr guten Gefühl zur Bank, schließlich war ich meiner Oma unglaublich dankbar. Ich hatte einiges an Eigenkapital und kann dieses Geld sinnvoll in die nächsten Immobilien investieren. Bei der Bank angekommen begrüßte mich meine „Beraterin" mit einem Kaffee und einem Glas Wasser.

Das Gespräch verlief dann aber leider nicht so gut wie der Kaffee schmeckte. Die Beraterin schlug mir vor, den Bausparvertrag als Eigenkapital für den nächsten Immobilienkauf zu verwenden – grundsätzlich eine gute Idee, wären da nicht die Zinsen von über 3,5 %. Man muss hierbei wissen, dass der Termin im ersten Halbjahr 2018 stattgefunden hatte und wir uns in der Niedrigzinsphase befunden hatten. Hätte ich also einen normalen Kredit abgeschlossen, wäre ich bei ca. 1,5 % gewesen. Die Beraterin war also nicht besonders ehrlich (oder nicht besonders informiert) und wollte mir einfach nur den Kredit mit den teuren Zinsen verkaufen.

Natürlich habe ich mir den Betrag nicht auszahlen lassen – der gefüllte Bausparvertrag liegt jetzt auf der Bank und wirft keinerlei Zinsen ab. Ich könnte den Bausparvertrag natürlich jederzeit mit einer Frist von drei Monaten kündigen und das angesparte Geld als Eigenkapital oder für was auch immer aufwenden. Ich persönlich habe mich aber dazu entschieden den Bausparvertrag erstmal liegen zu lassen. Sollten die Zinsen irgendwann wieder über die 3,5 % steigen, werde ich dieses Geld verwenden.

Sie sehen also, man muss ein Produkt der Bank, ganz egal welches es ist, immer genauestens prüfen. Viele Produkte sind in gewissen Situationen sinnvoll. das ist aber sehr individuell zu betrachten und sollte von Ihnen jedes Mal genauestens geprüft werden. Wenn Ihr Berater ein Nebenprodukt wie einen Bausparvertrag für eine Finanzierung als „Voraussetzung" sieht, wechseln sie die Bank und/oder den Berater – wenn so etwas passiert, wissen Sie sofort, dass Sie nicht den richtigen Ansprechpartner vor sich haben – ich persönlich habe noch nie einen Bausparvertrag mit oder gerade wegen einer Finanzierung abgeschlossen. Es geht also auch ohne ...

Sie wissen also, Sie haben Betrag X, den sie von der Bank finanziert bekommen und können nun zum „shoppen" gehen.

Schritt 3: Finden Sie Ihren persönlichen „place to be"

Nun, wo suchen Sie jetzt nach ihrer Traumimmobilie? Fangen Sie am besten dort an, wo Sie sich wohlfühlen!

- Wo sind sie aufgewachsen?
- Wo leben sie?
- Wo fahren sie gerne in den Urlaub hin?
- Wo kennen sie sich wirklich gut aus?

Finden Sie eine Stadt oder ein Dorf, welches Ihnen am besten gefällt! In meinem persönlichen Fall ist dies die Stadt Augsburg. In dieser Stadt bin ich geboren und aufgewachsen. In dieser Stadt habe ich meine Jugend verbracht und meine Frau kennengelernt. Hier kenne ich jeden Stein, jeden Stadtteil und weiß genau, wo was passiert oder passieren wird. Ich liebe Augsburg! Augsburg hat so viel zu bieten und entwickelt sich seit Jahren unglaublich gut, auch was die wirtschaftlichen Aspekte angeht. Das merkt man natürlich auch an den Immobilienpreisen.

Ganz unabhängig von Immobilien und deren Investition, machen Sie doch mal einen Ausflug nach Augsburg, schauen Sie sich die alte Fuggerei an, genießen Sie den Tag an der „Kahnfahrt" und machen am Abend einen Spaziergang durch die Maximilianstraße – Sie werden es lieben.

Zurück zum Thema: Suchen Sie sich eine Stadt, in der Sie sich auskennen, in der Sie die Schmuddelecken kennen und lieben und in der auch Sie selbst wohnen würden. Das muss keine Stadt sein, die von den Medien oder von Immobilienmaklern immer wieder aufs neu gehypt wird, es kann auch das Dörfchen auf dem Land oder ein Stadtteil einer Großstadt sein. Gute Renditen und ein nachhaltiges Investment lassen sich überall erzielen, solang der Kaufpreis stimmt und Sie das Risiko des 》 Leerstands kennen. Kurzum: Es kann Ihre ganz persönliche Stadt sein, die Sie lieben und in der Sie sich gerne aufhalten.

Schmuddelecken lieben? Hierzu eine kurze Anekdote: Wussten Sie, dass von ein paar Jahren das Münchner Platzl, die Heimat von Alfons Schubeck im Herzen von München ein von Rotlicht-Etablissements belastetes, eher unbeliebtes Viertel war? Heute ist das Platzl, samt Maximilianstraße eine der teuersten Ecken in München und wahrscheinlich in Deutschland. Die Personen die damals diese „Schmuddelecke" liebten, sind heute reiche Menschen. Ich will Sie hiermit nicht animieren, in schlechten Lagen zu kaufen, jedoch könnte sich die ein oder andere „schlechte" Lage in ein paar Jahren als Goldgrube etablieren.

Info: Leerstand

Der Renditekiller und der Spaßverderber aller Eigentümer. Achten Sie darauf, dass sich in Ihrem Investitionsdomizil ausreichend potentielle Mieter aufhalten. Kaufen Sie keine Immobilie in einem Feriendorf, weil Sie dort so gerne sind, wo sich aber sechs Monate im Jahr keiner aufhält. Achten Sie darauf, dass Sie ihre Immobilie schnell wieder vermieten können, wenn sie einen Mieterwechsel haben. Universitäten oder größere Krankenhäuser sind ein guter Indikator gegen Leerstand. Die schönste Stadt hilft Ihnen nichts, wenn dort keine Menschen leben, die Ihre Immobilie mieten wollen. Rufen Sie einen Makler vor Ort an und fragen Sie ihn unter dem Vorwand, dass Sie eine Immobilie kaufen möchten, nach der Leerstandsquote – ein guter Makler kennt seinen Markt und kann Ihnen diese Quote nennen.

»

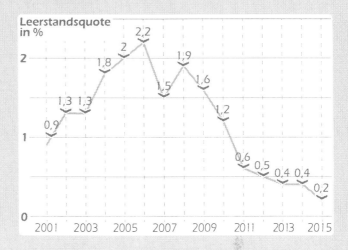

Nachfolgend die Leerstandsquote von 2001 bis 2015 von München:

Auch die Internetseite www.statista.com kann Ihnen im Zusammenhang mit der Leerstandquote helfen, je nachdem in welcher Stadt Sie investieren möchten.

Schritt 4: Bekommen Sie ein Gefühl für die Preise

Im Internet finden Sie unzählige Immobilienbörsen wie z.B.:
- www.immobilienscout24.de
- www.immowelt.de
- www.immonet.de
- www.meienstadt.de
- www.ebay-kleinanzeigen.de

... um hier nur einige zu nennen, welche ich ständig nutze, um nach Immobilien zu suchen. Schauen Sie sich über einen größeren Zeitraum immer mal wieder in den verschiedenen Medien um und suchen Sie nach Wohnungen die Ihnen sowohl von der Lage, als auch von den Bildern gefallen. Viele Internetbörsen bieten eine Suchfunktion an – diese vereinfacht Ihre Suche enorm, da Sie ihre Suchkriterien eingeben können (z. B. Ort, Zimmer, Preis). Einmal gespeichert bekommen Sie ständig neue, interessante Angebote per E-Mail und müssen nicht immer wieder in die Onlinebörse gehen und alles neu eingeben. Diese Suche dehnen Sie über einige Tage oder Wochen aus. Je nachdem wieviel Zeit Sie sich selbst geben möchten. Sie bekommen ein gutes Gefühl davon, was der Markt hergibt und wo die Preise aktuell liegen.

Auch wenn Sie die Suche zu Beginn als lästig empfinden könnten, weil Sie oftmals die gleichen Immobilien finden und Sie sich gar nicht richtig vorstellen können, wie sich ein Preis zusammensetzt, empfehle ich Ihnen diese Form der „Marktanalyse". Daraus kann sich eine wirkliche Sucht entwickeln. Sie wollen immer wieder mal reinschauen um kein neues Angebot zu verpassen oder freuen sich, wenn Sie eine wirklich günstige Immobilie entdeckt haben.

Tipp: Drucken sie sich interessante Angebote aus und legen Sie diese ab. Immer wenn Ihnen etwas gut und preislich fair erscheint, legen Sie diese in Ihrer Merkliste, Ihrem Angebotsordner ab. Am Anfang würde ich die Immobilien-Exposés, die Ihnen gefallen, tatsächlich ausdrucken, zumindest die erste Seite mit den wichtigen Daten. Grund hierfür ist, dass die Immobilien von den Anbietern deaktiviert werden, wenn sie verkauft sind. Dann können Sie die Objekte auf ihrem virtuellen Merkzettel nicht mehr öffnen und können die Daten nicht mehr einsehen und auch nicht mehr auswerten.

Sie werden sehen, nach einiger Zeit fangen Sie an, die Wohnungen anhand der Preise und der Ausstattung sowie der

Lage zu vergleichen und beginnen ein Gefühl für „die ist aber teuer" oder „wow, gutes Angebot" zu entwickeln.

Ebenso stützen Sie Ihre Suche auf sogenannte Immobilienmarktberichte. Diese finden sie für größere Städte, meist gegen eine kleine Gebühr, im Internet. Hierin können Sie alles über Ihre Stadt und die Immobilienpreise sowie deren Prognosen und Entwicklungen nachlesen.

Ein guter Tipp sind auch die Diagramme der „Angebotspreise" im Internet, z.B. bei immsocut24. Hier ist meist unter jedem Angebot eine Preisspanne, die Ihnen verrät, ob die Immobilie zu teuer ist oder ob sie im Durchschnitt liegt, ohne dass Sie auch nur eine Sekunde lang eine Recherche betrieben haben:

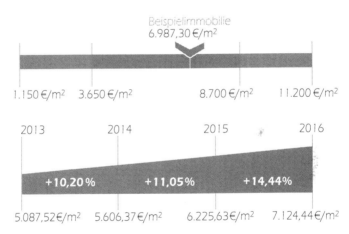

Preis- und Lageinformationen

Preis der Immobilie im Vergleich zu 13329 Neubauimmobilien in München, Obersendling

Ausstattung: Gehoben
Objektzustand: Erstbezug

Beispielimmobilie
6.987,30 €/m²

1.150 €/m²   3.650 €/m²   8.700 €/m²   11.200 €/m²

2013   2014   2015   2016

+10,20%   +11,05%   +14,44%

5.087,52€/m² 5.606,37€/m² 6.225,63€/m² 7.124,44€/m²

Die Preisspanne errechnet sich aus dem Durchschnitt aller Angebote, die mit ähnlichen Rahmendaten angeboten werden oder angeboten wurden. Ebenso finden Sie in der Darstellung eine Preisentwicklung, die das Portal im Rahmen der vergangenen Inserate feststellen konnte.

Die in meinen Augen einfachste und beste Kennzahl, mit der Sie nur anhand der Eckdaten bestimmen können, ob eine

Immobilie zu teuer ist, ist der Kaufpreisfaktor. Viele Immobilieninvestoren oder Firmen, die im großen Stil Immobilien einkaufen, rechnen ein Angebot in erster Linie über den Faktor, bevor sie weiter in die Materie einsteigen.

Einen $\gg$ Kaufpreisfaktor zu berechnen ist kinderleicht. Es ist nichts anderes als das Verhältnis der Kaltmiete im Jahr zum Kaufpreis. Ich erkläre ihnen die Berechnung anhand eines Beispiels:

Info: Kaufpreisfaktor
Der Kaufpreisfaktor gibt Ihnen den Wert, nach wie vielen Jahren Sie die Immobilie unter Einsatz der Kaltmiete bezahlt hätten. Nicht berücksichtigt hier werden die Zinsen und die steuerlichen Verluste bei Mieteinnahmen. Daher ist der Kaufpreisfaktor ein Wert, denn man für eine erste „oberflächliche" Prüfung verwenden kann.

Beispiel:

Eigentumswohnung, 2 Zimmer, Kaltmiete 550 € pro Monat
Sie finden diese Wohnung online im Internet mit einem
Kaufpreis von 124.000 € und möchten wissen, ob der
Preis gerechtfertigt ist oder nicht:
550 € Kaltmiete × 12 Monate
= 6.600 € Mieteinnahmen im Jahr
124.000 € Kaufpreis: 6.600 € Jahresmiete = Faktor 18,78

Die besagte Wohnung hat also einen Faktor von 18,78. Die Preisfrage ist jetzt, ob dieser Faktor gut und die Immobilie kaufbar ist oder dieser schlecht ist und die Immobilie schlichtweg zu teuer ist. In der Region um München würde ich für einen Faktor von 18,78 sofort kaufen, weil ich persönlich alles unter Faktor 25 in den $\gg$ big seven schon recht gut finde. Kollegen aus der Immobilienbranche würden niemals für diesen Faktor kaufen, weil sie sagen, die Immobilie ist im Wesentlichen zu teuer, ganz egal wo diese steht. Die Frage ist, wo suchen Sie? In und um München werden Sie kaum noch seriöse Angebote mit einem Faktor unter 25 finden, eher darüber. In Nordrhein-Westfalen oder der Region um Zwickau ist ein Faktor wie 18 eher zu teuer. Wobei es auch hier wieder auf die Lage ankommt. In der Kölner Innenstadt muss wieder ein anderer Faktor zugrunde gelegt werden, als in der ländlichen Gegend irgendwo im Osten Deutschlands.

Info: big seven
Die sieben größten Städte in Deutschland: Berlin, Hamburg, München, Köln, Frankfurt am Main, Stuttgart und Düsseldorf.

Ich würde Ihnen für den Kaufpreisfaktor gerne eine Liste empfehlen, in der steht, welcher Faktor wo gut und wo nicht so gut ist. Diese gibt es aber nicht. Grundsätzlich kann man sagen: Alles was über 25 liegt, sollte man genauer prüfen, sofern es nicht der Nobelneubau mit Luxus-Einbauküche in der Münchner oder Hamburger Innenstadt ist. Ein Faktor über 25 ist nicht zwingend schlecht, aber etwas teuer. Hier müssen dann die Rahmendaten passen – z. B. eine exorbitant gute Lage, eine überdurchschnittliche Ausstattung oder George Clooney und Angelina Jolie in der direkten Nachbarschaft.

Das ist auch der Grund warum es für Sie so wichtig ist, dass Sie ein Gefühl für „ihren Markt" bekommen, bevor Sie eine Immobilie kaufen. Wenn Sie kein Gefühl für den Preis haben und sich in Ihrem Markt nicht wirklich auskennen, wird Ihnen jeder Makler, jeder Verkäufer seine Immobilie zu Höchstpreisen verkaufen wollen. Es ist keine Seltenheit, dass ein Verkäufer mit einem Preis von 25 % über dem, was er überhaupt erzielen möchte, in die Verhandlungen geht.

Erst kürzlich habe ich für einen Kunden von mir Wohnungen gekauft. Es war ein Wohnungspaket von zwei Wohnungen, saniert und möbliert in sehr guter Innenstadtlage. Der Verkäufer ging mit einem Preis von 279.000 € in die Verhandlungen – am Ende haben wir uns auf 250.000€ geeinigt. Diesen Kaufpreis konnte ich aber nur erzielen, weil ich ganz genau wusste, wie die Situation am Markt aktuell ist und dass seine Wohnungen einfach zu teuer waren. Das Gute ist, dass die Verkäufer, vor allem die Makler, das auch ganz genau wissen und sich dann relativ „einfach" auf den gewünschten Preis herunterhandeln lassen. Und ich könnte wetten, dass der ein oder andere diese Immobilien auch schon für 265.000€ gekauft hätte, weil ein Preisnachlass von fast 15.000€ nach wirklich viel aussieht.

Das ist auch mit ein Grund warum mein Geschäftsmodell so gut funktioniert. Das Kaufen von Immobilien mit einem Verhandlungspartner „auf Augenhöhe" ist wesentlich effektiver als wenn jemand als „Unwissender" sein Glück beim Immobilienkauf versucht. Die Verkäuferseite merkt schnell, ob Sie wissen, wovon Sie sprechen und ist dann schneller für Zugeständnisse bereit, als wenn Sie den Eindruck machen, mit Ihnen könnte man es ja machen!

> **Tipp:** Lernen Sie Ihre Stadt und Ihren Immobilienmarkt kennen! Das wird Sie vor schlechter Investition schützen und Ihnen ein Gespür für gute oder schlechte Kapitalanlagen vermitteln. Sie erkennen schlechte Objekte schnell und werden von Ihrem Gespür gewarnt.

Schritt 5: Ziehen Sie um die Häuser

Sie haben also einige Zeit recherchiert und zeigen Ihrem Schatz oder Ihren Bekannten mit einem schmunzelnden Gesicht immer wieder, was Makler XYZ und seine Kollegen aus der Nachbarschaft wieder für ein vollkommen überteuertes Mehrfamilienhaus ins Internet gestellt haben?

Dann wird es jetzt Zeit, Ihr Wissen in die Tat umzusetzen! Gehen Sie raus, ziehen Sie um die Häuser und machen Sie die Nachbarschaft unsicher. Spaß beiseite: Beginnen Sie mit Besichtigungen. Suchen Sie sich Objekte aus, die Ihnen gefallen und bei denen Sie preislich ein gutes Gefühl haben. Rufen Sie die Verkäuferseite an und vereinbaren Sie eine Besichtigung für Ihr Wunschobjekt. Bekommen Sie ein Gefühl für die Wohnungen, die Sie im Internet gesehen haben – schnell werden Sie feststellen, dass im Internet und in der Zeitung alles so schön aussah, die Objekte in der Realität oftmals aber ganz anders aussehen. Das ist ganz normal und auch nicht wirklich schlimm – oder würden Sie Ihr Auto verkaufen und es nicht waschen, bevor Sie die Bilder fürs Internet machen, weil das viel fairer wäre?

Doch worauf achten Sie bei einer Besichtigung? Im Laufe der Jahre habe ich sowohl für mich, als auch für meine Kunden einige Wohnungen angesehen und gekauft. Ich teile meine Besichtigungstermine in zwei Phasen ein:

Phase 1:
Ich gehe mit dem Verkäufer in die Wohnung und schau mir das Objekt ganz genau an. Ich achte vor allem auf Dinge, die mir negativ auffallen. Ebenso achte ich auf Ausstattungen oder Merkmale, die ich persönlich gut finde. Eine Fußbodenheizung, ein neuer Boden, neue Fenster aus Kunststoff, die neuwertige Einbauküche usw. Alles was ich sehen kann und was mir dann gut gefällt merke ich mir. Ich gehe sogar soweit, dass ich während der Besichtigung ein Buch mitnehme und mir eine Liste aufschreibe, welche Eigenschaften mir aufgefal-

len sind. Die Notizen mache ich mir natürlich so, dass der Makler nicht sieht, was ich mir aufschreibe. Genauso sind Dinge wichtig, die mir nicht gefallen und/oder in die ich investieren müsste, wenn ich Eigentümer wäre. Der kaputte Boden, das alte Badezimmer, die verschrammten und kaputten Türstöcke, usw. Ich schreibe mir alles auf und ziehe am Ende der Besichtigung ein Resümee.

Die genaue Auflistung der positiven und negativen Merkmale ist auch für meine persönliche Kalkulation wichtig. Nur wenn ich genau weiß, welche Kosten noch auf mich zukommen, kann ich ein realistisches und für mich lohnendes Kaufpreisangebot angeben. Und nebenbei gesagt ist es für die Preisverhandlung sehr wichtig, das bekannte „Haar in der Suppe" zu finden.

Wenn die Wohnung selbst in Ordnung war und ich ein gutes Gefühl habe und ich mir grundsätzlich vorstellen könnte, dass die Wohnung in Frage kommt, gehe ich zu Phase 2 der Besichtigung über: Das Haus und die Wohnungseigentümergemeinschaft.

Ich gehe, auch bei einer ❱❱ Massenbesichtigung, ohne weiteres auch allein in den obersten Stock des Hauses und schaue mir das Dachgeschoss an.

Info: Massenbesichtigung

Wenn ein Makler nur ein kleines Zeitfenster zur Besichtigung hat, weil z. B. die Mieter nur eine halbe Stunde einräumen, oder der Makler an sich keine Einzelbesichtigungen macht, erleben Sie das Phänomen der Massenbesichtigung. Sie stehen vor einer Wohnung an, ähnlich wie vor der Diskothek oder an der Kasse im Supermarkt, und warten auf Einlass. Sie quetschen sich dann mit allen anderen durch die Wohnung und sollen binnen weniger Minuten entscheiden, ob die Wohnung Ihren Vorstellungen entspricht.

Oftmals ist dort die Waschmaschine oder weiterer Stauraum für die Bewohner und ich kann die Räume ohne weiteres betreten. Hier achte ich darauf in welchem Zustand die Nebenräume sind. Sieht alles gepflegt aus? Ist alles sauber und auf dem Stand der Zeit? Oder kommen mir schon drei Dachziegel entgegen, wenn ich die Tür zum Dachgeschoss öffne? Ich laufe Stockwerk für Stockwerk den Hausflur herunter und mache mir ein Bild der Wohnanlage.

Tipp: Auch in dieser Situation behalte ich meinen Besichtigungsablauf im Auge und gehe alle Schritte konzentriert durch. Ich sehe mir alles an und verschaffe mir einen Überblick über den Zustand des Objekts. Wenn die Immobilie grundsätzlich für mich infrage kommt, warte ich, bis alle anderen Interessenten wieder gegangen sind und verwickle Makler oder Verkäufer in ein Gespräch. Hier lasse ich mir dann alle offenen Fragen beantworten und versuche, mehr Information über den Verkaufsgrund und den Verkäufer zu erhalten.

Natürlich gehe ich auch in den Keller und achte hier vor allem auf den Geruch. Feuchtigkeit riecht man sofort! Ich achte darauf, in welchen Zustand der Keller ist und ob dieser ordentlich oder verschmutzt ist oder sogar gammlig riecht. Ein feuchter Keller ist der Horror jedes Kapitalanlegers, der schnell viel Geld kosten kann. Deswegen vergewissere ich mich ausreichend, dass alles in Ordnung ist.

Und wenn Wohnung und Haus selbst einen guten Eindruck machen, gehe ich in der Nachbarschaft spazieren und verschaffe mir nochmals einen Eindruck der Lage. Ich nehme mir immer viel Zeit für meine Recherche.

Sie werden sehen, die meisten kommen mit dem Auto, hetzen durch die Wohnung und fahren sofort wieder weiter. Wie sollen diese Leute einen realistischen Eindruck der Anlage bekommen?

Ich dagegen erkunde zu Fuß die Nachbarschaft. Ich verschaffe mir ein Bild der Grünanlagen des Hauses und ich gehe etwas spazieren. Wie sieht das Haus von außen aus, wie sehen die Nachbarhäuser aus und was macht die „Straße" für einen Eindruck auf mich.

> **Tipp:** Machen Sie gleich ein Foto der Vorder- und Rückseite des Hauses. Dieses Fotos wird die Bank später anfordern, dann müssen Sie nicht mehr extra zum Objekt fahren.

Am wichtigsten ist, dass Sie sich erst einmal viele Wohnungen und Häuser ansehen, um ein Gefühl zu bekommen, was gut ist und was nicht. Sie müssen sehen können, ob ein Wohnhaus gepflegt ist oder wie alt die Dämmung ist. Das bekommen Sie nicht bei der ersten Besichtigung heraus. Geben Sie sich die Zeit und, vor allem, nehmen Sie sich diese auch. Eine Immobilie ist schnell gekauft, ein nachhaltiger Kauf kostet aber Zeit.

Besichtigen Sie die Wohnung allerdings auch, wenn Sie keine wirkliche Kaufabsicht haben. Sehen Sie sich Objekte an, die Sie interessant finden und sehen Sie die Besichtigungen als Fortbildungen oder Seminare, bei denen Sie nur lernen können. Wichtig dabei ist, dass Sie dem Makler oder Verkäufer nicht sagen, dass Sie die Immobilie „nur ansehen" möchten. Keiner mag Zeitdiebe! Verhalten Sie sich immer, als wären Sie ein Kaufinteressent, der fest entschlossen ist, in Immobilien zu investieren. Und was noch viel wichtiger ist, geben Sie dem Verkäufer oder Makler Bescheid, wenn das Objekt nicht infrage kommt. Sagen Sie immer ab, am besten per E-Mail, dann weiß die Verkäuferseite Bescheid.

Tipp: Schreiben Sie in diese Absage-E-Mail Ihr Suchprofil mit Ihren Kriterien, um dem Makler oder Verkäufer mitzuteilen, was Sie suchen. Fangen Sie schon hier an, eine gute Beziehung aufzubauen. Jeder Kontakt ist wichtig und baut Ihr persönliches Netzwerk aus. Denn Sie wissen nie, ob der Verkäufer, der eine Wohnung für einen exorbitant hohen Preis verkaufen möchte, nicht noch ein wahres Schnäppchen für Sie in der Hinterhand hält. Sympathie ist wichtig und hat mir viele Schritte erleichtert. Nicht umsonst gibt es einen Spruch in der Immobilienbranche, der sehr wahr ist: „real estate business is people business!"

Verabschieden Sie sich deshalb von dem Gedanken, der Verkäufer will dass Sie kaufen oder der Verkäufer will einen hohen Preis und der Bankberater eine zu teure Finanzierung. Stellen Sie hier Ihr Mindset richtig:
... Sie wollen vom Makler die gute Immobilie,
... vom Verkäufer einen fairen Preis,
... und von der Bank eine gute und unkomplizierte Finanzierung.

Ein Fehler, den viele Immobilieninteressenten machen, ist unter anderem die Meinung: „der Makler und die Bank verdienen so viel Geld mit mir, die müssen sich um mich bemühen und hoffen, dass ich bei Ihnen die Immobilie kaufe und/oder die Finanzierung abschließe."
Jeder der so denkt, hat in der Immobilienbranche eine falsches Mindset – ein guter Makler ist Ihr Freund, der Ihnen mit seinem Netzwerk gute Immobilien vermitteln kann. Ein guter Bankberater verschafft Ihnen einen guten Zins und wickelt die Finanzierung schnell ab. Eine gute und nachhaltige Partnerschaft im Business passiert immer auf Augenhöhe und soll beidseitig gut gepflegt werden.

Viele Verkäufer preisen ihre Immobilie schöner an, als sie ist. Die Bilder sind wunderschön, die Beschreibung ausgezeichnet. Warum das so ist? Weil Immobilien oftmals mit Emotionen zu tun haben, wie ich bereits beschrieben habe. Mit den

Bildern und den Beschreibungen möchte der Verkäufer Emotionen wecken und Sie sollen das Gefühl bekommen, dass Sie hier eine ganz besonders schöne Immobilie gefunden haben. Das ist auch nicht weiter schlimm, schließlich wäscht man ein Auto auch, bevor man es verkaufen möchte. Was ich Ihnen aber sagen möchte: Seien Sie nicht enttäuscht, wenn die als neuwertig angepriesenen Einbauküche nur schrottreif ist. Ich empfehle, die Immobilie bei der ersten Besichtigung ganz emotionslos anzusehen und Ihre Fragen zu stellen. Sparen Sie sich Bemerkungen wie „das ist aber schön" oder „das ist aber nicht so schön". Bleiben Sie neutral! Im besten Fall weiß der Verkäufer Sie nach Ihrer Besichtigung überhaupt nicht einzuschätzen. Hat Ihnen das Objekt nun gefallen oder nicht, kaufen Sie oder nicht?

Verzichten Sie bei der ersten Besichtigung auch auf Preisverhandlungen. Der erste Termin soll nur dazu dienen, die Wohnung zu besichtigen, die Daten aus dem Internet zu verifizieren und eventuelle Schwachstellen aufzudecken. Verhandelt wird im Nachhinein, per E-Mail, mit einem sauberen, schriftlichen Kaufpreisangebot – aber dazu später mehr.

Achtung: Sollte eine Immobilie sehr günstig sein und Sie befinden sich mit vielen anderen Interessenten bei der Besichtigung, dann müssen Sie jetzt schnell handeln, wenn Sie die Immobilie wirklich kaufen wollen.

Vergessen Sie alles, was ich Ihnen bisher erklärt habe. Prüfen Sie die Wohnung auf Schwächen, versuchen Sie, versteckte Mängel zu finden und ziehen Sie danach den Eigentümer oder Verkäufer auf die Seite um mit ihm das Geschäft abzuschließen. Ich habe schon oft, wenn ich eine Immobilie verkauft habe, bei der ersten Besichtigung per Handschlag einem Verkauf zu einem bestimmten Preis zugesagt, obwohl noch weitere Besichtigungen im Anschluss folgten. Wer zuerst kommt, mahlt zuerst.

Lassen Sie sich allerdings nicht unnötig unter Druck setzen. Wenn Sie sich nicht sicher sind, kaufen Sie nicht. Lieber kaufen Sie keine Immobilie, als eine Immobilie, die Sie nicht ordentlich prüfen konnten.

Entwickeln Sie ein Gefühl fürs „Spiel".

Viele Makler, Eigentümer oder Verkäufer vereinbaren genau aus diesem Grund sogenannten „Massenbesichtigungen", um einen unterschwelligen Druck zu vermitteln. Behalten Sie also einen kühlen Kopf, prüfen Sie die Immobilie und schlagen Sie zu, wenn Sie sich sicher sind. Weniger als 100-prozentige Sicherheit zählt nicht!

Tipp: Kleider machen Leute und Sympathie den Preis! Ziehen Sie sich entsprechend gut an, wenn Sie zum „Shoppen" gehen! Eine ordentliche Kleidung vermittelt Seriosität und der Verkäufer wird sich auf Ihre Aussagen verlassen. Frack und Fliege lassen Sie genauso zu Hause wie die Jogginghose. Ein seriöses Outfit, eine Jeans und eine Bluse oder ein Hemd wirken wesentlich seriöser als Jeans und Pulli. Sie müssen bei dem Verkäufer den Eindruck machen, dass Sie das, was Sie sagen auch umsetzten können, Sie alles im Griff haben und vor allem auch die finanziellen Mittel bereitstellen/aufbringen können um eine Immobilie zu bezahlen. Oder haben Sie schon mal jemanden im Restaurant gesehen, der ein Tanktop und eine Jogginghose getragen hat und sie sich dachten „wow, mit dem möchte ich gerne mal Geschäfte machen!"

Glauben sie nicht? Machen sie doch mal den Test in einem Bekleidungsgeschäft für gehobene Markenkleidung. Gehen sie mit Jogginghose und Turnschuhe hinein und interessieren Sie sich für eine Jacke – ich bin mir sicher, dass Sie keine oder nur eine mittelmäßige Beratung erhalten. Und dann gehen Sie, vielleicht ein paar Tage später, mit einem Anzug oder einer schicken Bluse und sauberen Schuhen in das gleiche Geschäft. Sie werden sehen, die Verkäufer werden sich um Sie schlagen. Mit einem seriösen, gepflegten Auftreten machen Sie einen ganz anderen Eindruck.

Ich weiß, oberflächliche Gesellschaft und eigentlich sollte es anders laufen. Überlassen Sie das Jammern jemand anderen und halten Sie sich an die Spielregeln. Sie können es eh nicht ändern, profitieren Sie also lieber von diesem System.

Ebenso wichtig ist Sympathie. Selbst wenn es Ihnen noch so schwerfällt, weil der Verkäufer ein entsprechend unsympathischer Typ ist – bauen sie eine Bindung auf oder machen Sie alles was in Ihrer Macht steht, um eine Bindung herzustellen. Seien Sie freundlich und zuvorkommend. Wenn Sie es schaffen, mit dem Verkäufer auf eine Wellenlänge zu kommen, wird sich das mit Sicherheit am Ende auf den Kaufpreis auswirken. Einem sympathischen Menschen kommt man eher entgegen, als jemandem, den man von Anfang an nicht leiden konnte.

Resümee: Kleiden sie sich gut, nicht übertrieben aber dennoch ordentlich und seriös und seien Sie überaus sympathisch. Diese beiden simplen Regeln sind ganz leicht umzusetzen und bringen Ihnen am Ende bares Geld.

Schritt 6: Der Mieter

Wenn sie sich eine Wohnung ansehen, die bereits vermietet ist, scheuen Sie sich nicht, den Mieter nach den Vor- und oder Nachteilen zu fragen. Fragen Sie ganz offen, ob er irgendwelche Kritikpunkte hat und ob er sich wohlfühlt und gerne im Haus wohnt. Fragen Sie ihn nach den Nachbarn. Sind alle freundlich? Der Mieter wohnt dort und weiß genau, was im Haus vor sich geht. Keiner kennt die Vor- und Nachteile besser als derjenige, der im Objekt wohnt.

Das hat zwei Vorteile:
- Sie hören die Vor- und Nachteile von einer objektiven dritten Person, meistens ganz ungefiltert.
- Sie können im Gespräch heraushören, ob der Mieter freundlich ist, bzw. ob Sie gut mit ihm klarkommen oder eher weniger. Das ist wichtig, denn wenn Sie einen Mieter haben, mit dem Sie zwischenmenschlich überhaupt nicht klarkommen, haben Sie bei Problemen im Mietverhältnis mehr Schwierigkeiten als mit einem Mieter, mit dem Sie auf einer Wellenlänge sind.

Allerdings ist auch hier wieder Vorsicht geboten. Ich habe es schon das ein oder andere Mal erlebt, dass der Mieter gar keinen Eigentümerwechsel wollte. Entweder weil dieser die Wohnung selbst kaufen wollte, die Bank den Kredit aber abgelehnt hat oder weil er mit dem aktuellen Eigentümer sehr zufrieden war und keinen Wechsel ins „ungewisse Neue" wollte. In beiden Fällen hat der Mieter die Wohnung extrem schlecht dargestellt/bewertet, um mich als Käufer zu erschrecken. Werden Sie hier feinfühlig und versuchen Sie zu unterscheiden, was wirklich schlimm ist und was nur schlimm dargestellt wird.

Die meisten Mieter haben etwas Angst, dass nach einem Eigentümerwechsel die Kündigung folgt oder dass ein Geldhai eine Luxussanierung durchführt. Bauen Sie sofort Vertrauen auf. Sagen Sie dem Mieter offen, dass Sie nur eine Kapitalanlage suchen und auch kein Interesse haben, in die Wohnung einzuziehen oder etwas zu ändern, was er nicht möchte. Je schneller Sie Vertrauen aufbauen, desto mehr wird der Mieter zu Ihnen halten, schließlich hat er auch kein Interesse an einem Streit mit seinem potentiellen neuen Vermieter.

Was Sie wirklich mit der Wohnung vorhaben, ob Sanierung oder Eigennutzung oder was auch immer, geht niemanden etwas an. Das alles regeln Gesetze. Ich kann Ihnen nur raten: Egal was Sie vorhaben, es ist immer leichter, mit dem Mieter, als gegen den Mieter, zu handeln.

Kapitel 6: Worauf Sie bei der Auswahl achten müssen

Bringen Sie die Zahlen auf Papier (Rendite und Co.)

Ein nicht unwesentlich wichtiger Punkt für die Kaufentscheidung, neben dem von mir bereits mehrfach erwähntem Wohlfühlfaktor, sind die Zahlen. Wie viel Rendite erwirtschaftet die Immobilie und welchen Betrag müssen sie ggf. „on top" auf die Finanzierung bezahlen?

Vorab sei gesagt, ich kaufe Immobilien nur, wenn ich monatlich nichts von meinem „privatem Geld" abgeben muss. Man spricht hier von einer Immobilie, die „auf null" aufgeht. Bei einer Immobilie, deren Miete die Finanzierungskosten übersteigen, spricht man von einer positiven Immobilie, die einen sogenannten Cashflow (monatlichen Überschuss) generiert.

Es gibt einige Tools und Listen im Internet, die Sie kaufen können. Auch ich habe Ihnen ein Paket mit pdfs und Listen zusammengestellt, das Sie käuflich erwerben können, um Ihre Immobilie noch besser zu berechnen und im Nachhinein auch ohne weiteres verwalten. Sie können sich aber auch ganz einfach selbst eine Excel-Liste erstellen.

Als erstes zeige ich Ihnen, wie so eine Tabelle aussehen kann. Danach erkläre ich Ihnen, wie man eine Rendite brutto und netto ausrechnet.

Patrick Windisch
ImmobilienConsulting
Beraten ■ Finden ■ Umsetzen

München, 26.01.2017

Objektdaten		
Musterstraße, Musterort		
Wohnfläche	69,0	m2
IHR Sondereigentum	10,00	Euro/m2 p.a.

Invest		
Kaufpreis		279.000,00 €
Makler	0,00%	0,00 €
Notar	1,50%	4.185,00 €
Grundbuch	0,50%	1.395,00 €
Grunderwerbssteuer	3,50%	9.765,00 €
Sonstige	0,00%	0,00 €
Summe	5,50%	15.345,00 €

Investitionen zu Beginn	
Renovierung	0,00 €
Möblierung	0,00 €
Sonstige	0,00 €
Sonstige	0,00 €
Sonstige	0,00 €
Sonstige	0,00 €
Summe	0,00 €

Ausgaben gesamt	
Summe	294.345,00 €

Kennzahlen		
Kaufpreis m2		4.043,48 €
Nettokaltmiete p.a.		10.764,00 €
Nicht umlagef. BWK in %		15%
Bruttomietrendite		3,9%
Faktor		25,9	15 Euro/m2
Nettomietrendite		3,1%	3,70%

Soll-Miete pro Monat	
Kaltmiete pro m2	13,00 €
gesamt	897,00 €
Garage/Parkplatz	0,00 €
Sonstige	0,00 €
Nettokaltmiete	897,00 €

Warmmiete	1.097,00 €

Bewirtschaftungskosten	
Nebenkosten umlagefähig	200,00 €

Nebenkosten nicht umlagefähig	
WEG Verwaltung	25,00 €
WEG Rücklagen	25,00 €
Sondereigentumsverwaltung	30,00 €
IHR Sondereigentum	57,50 €
Sonstige	0,00 €
Summe	137,50 €

Wenn Sie sich die Tabelle in Ruhe ansehen, stellen Sie fest, dass die Immobilie, die im Januar 2017 im Münchner Speckgürtel für einen Kunden berechnet wurde, zu teuer ist, um eine gute Investition zu sein.

Die Felder, in den Sie Ihre Daten eintragen müssen, sind hier in grün markiert. Die weißen Felder, beziehungsweise die roten Felder befüllen sich automatisch und sind mit Formeln hinterlegt.

Der Faktor (zu finden im Feld der Kennzahlen) ist bei 25,9 und somit etwas hoch. Im Münchner Speckgürtel sind die Immobilienpreis zwar sehr hoch und man könnte einen 26er-Faktor ohne weiteres kaufen, hier passt die Mikrolage an einer vielbefahrenen Hauptstraße allerdings nicht zum Preis.

> **Info: Die Bruttomietrendite**
> Die Bruttomietrendite versteht sich als Verhältnis der Jahreskaltmiete zum Kaufpreis und wird wie folgt berechnet:
> 100 × die Jahreskaltmiete / Kaufpreis = Bruttomietrendite
> In unserem Beispiel würde das wie folgt aussehen:
>
> 897 € × 12 Monate = 10.764 € (Jahreskaltmiete)
> 10.764 € × 100 = 1.076.400 ÷ 279.000 € (Kaufpreis)
> = 3,85806 = 3,9 (gerundet)

Das Ergebnis bei den oben genannten Kennzahlen ist also 3,9 % Bruttomietrendite. Grundsätzlich kann man auch für die Rendite kein „Schema F" nennen, ab welcher Rendite eine Immobilie als lohnenswert gilt. Eine grundsätzliche Kaufempfehlung auf Basis der Rendite ist nicht darstellbar, da noch einige weitere Faktoren eine wichtige Rolle spielen. In München und Umgebung sind bei der aktuellen Marktlage 3,9 % Bruttorendite mit Sicherheit eine überlegenswerte Investition, im ländlichen Bereich von Nordrhein-Westfalen würde ich bei dieser Rendite sofort absagen.

Tipp: Hinter nahezu allen Renditeversprechungen der Makler und Verkäufer steckt „nur" die Bruttomietrendite, welche weder Kaufnebenkosten, noch die Unterhaltskosten berücksichtigt und somit im Wesentlichen nicht geeignet ist, um eine gute Immobilie zu erkennen.

Info: Nettomietrendite
Die Nettomietrendite nimmt als Basis den Jahresreinertrag, sprich die jährlichen Mieteinnahmen abzüglich der jährlichen Unterhalts- und Instandhaltungskosten.

Beispiel 1:

Kaufpreis 279.000 € + Kaufnebenkosten 15.345 €
= 294.345 € Gesamtkosten

Jahreskaltmiete 10.764 €
– Unterhalts- und Instandhaltungskosten 1.650 €
= Jahresreinertrag 9.114 €

Jahresreinertrag 9.114 € ÷ Gesamtkosten 294.345 € × 100
= 3,09636 = 3,1 (gerundet)

Beispiel 2:

Kennzahlen (vor Steuern)	
Kaufpreis pro qm	5.102 €
Nettokaltmiete pro Jahr	22.932 €
nicht umlagefähige BWK in % NKM	12 %
Bruttomietrendite	4,6 %
Faktor	21,8
Nettomietrendite	3,6 %
Vermögensaufbau p. a.	12.635 €
Eigenkapitalrendite p. a.	11,2 %

(Beispiel einer Wohnung mit 98 m² für 500.000 €, zzgl. 35.000 € Renovierungskosten mit 1.911 € Mieteinnahmen (kalt) – vermietet als Studenten-WG in München)

Haben Sie zu Beginn der Anschaffung noch Renovierungskosten oder müssen Sie z. B. über eine Sonderumlage weiteres Geld investieren, gehört der Betrag natürlich mit in die Gesamtkosten hineingerechnet. In meiner Tabelle gibt es Felder wie „Renovierung" oder „Möblierung". Hier können Sie auch Felder mit „Sonderumlage" oder „Sonstiges" benennen und den Betrag sauber eintragen und in die Berechnungen mit einfließen lassen. Nehmen Sie hier wirklich alle Kosten mit auf, die der Kauf verursacht. Rechnen Sie nichts schön und lassen Sie keine Kosten außen vor. Nur so können Sie auch eine realistische Rendite der Immobilie bekommen.

Die Immobilie aus unserem Beispiel hat also eine Nettomietrendite in Höhe von 3,1 %. Ab wann sich eine Immobilie lohnt, ist ein viel diskutiertes Thema. Auch hier gilt die „Faustformel": Bezahlen Sie genau so viel, wie Ihnen die Immobilie wert ist. Wenn man von einer Inflation von 1,4 % (Stand: Januar 2019) ausgeht, machen Sie mit dieser Anlage 0,9 % gut. Viele werden jetzt sagen, 3,1 % ist viel zu wenig, dass lohnt sich nicht! Ja, es geht bestimmt noch besser, je nachdem wo man wohnt und wo man investieren möchte. Sie müssen sich wohlfühlen. Ein „Schema F", kaufen oder nicht kaufen, gibt es nicht. Abgesehen davon noch als kleiner Tipp: Hohe Renditen bedeuten, meist ein höheres Risiko!

Die Finanzierung

Als nächsten Schritt befassen Sie sich mit der Finanzierung. Vorab haben Sie sich mit einem Bankspezialisten Ihrer Wahl unterhalten und sich einen ungefähren Überblick verschafft, welchen Zins er Ihnen aktuell anbieten kann.

Beispiel:

Finanzierung	
Darlehen I	
Darlehenssumme vom Kaufpreis	90 %
Darlehenssumme	144.000 €
Zinssatz	1,96 %
anfängliche Tilgung	2,50 %
Kapitaldienst pro Monat	535 €
Darlehen II	
Darlehenssumme	0 €
Zinssatz	0,00 %
anfängliche Tilgung	0,00 %
Kapitaldienst pro Monat	0 €
Summe	
Darlehenssumme	144.000 €
Eigenkapital	29.600 €
Zinssatz gewichtet	1,96 %
anfängliche Tilgung gewichtet	2,50 %
Kapitaldienst pro Monat	535 €

Die Finanzierung ist ein heikles Thema. Zum einen ist es meist mit viel Arbeit verbunden, eine gute Finanzierung zu bekommen, zum anderen ist es wichtig, die richtige Finanzierung für sich zu finden. Daher ist es wichtig zu wissen, was man mit der Immobilie vorhat, bzw. welchen Nutzen Ihnen Ihre Immobilie bringen soll.

Rente aufbessern

Es gibt die Käufer, die etwas kaufen, um ihre Rente aufzubessern. In diesem Fall würde ich empfehlen, die Tilgung höher anzusetzen (mindestens 2,5 %) und den Zins, wenn möglich, auf 15 oder 20 Jahre festzuschreiben. Je länger die Zinsbindung desto teurer ist zwar der Kredit, Sie haben aber auch eine planbare Sicherheit und wissen für die nächsten 15 oder 20 Jahre genau, wie viel Sie zu bezahlen haben. Wichtig hierbei ist, vorab auszurechnen, ob es sich nicht mehr lohnt, die Zinsbindung auf 10 Jahre festzuschreiben und den gesparten Zinsaufwand monatlich auf die Seite zu legen um jährlich eine Sondertilgung in die Immobilie einzuzahlen. Wenn der Zinsunterschied zwischen 10 und 15 Jahren sehr groß ist, ist es klüger den Zinsaufwand zu sparen (jährlich auf ein separates Konto) und diesen dann einmal im Jahr via Sondertilgung in die Finanzierung zu bezahlen.

Beispiel:
Finanzierung 100.000 €, Tilgung 2 %:
Zins bei 10 Jahren 1,8 %: Zinsbelastung 1.800 € p. a.
Zins bei 20 Jahren 2,7 %: Zinsbelastung 2.700 € p. a.

In diesem Fall wäre es besser, die Differenzsumme von 900 € nicht an Zinsen zu begleichen, sondern als Sondertilgung jährlich in die Immobilie einzuzahlen. Schließlich sparen Sie auf 10 Jahre 10.800 €, die Sie besser tilgen sollten.

Spekulation

Wenn Sie die Immobilie spekulativ kaufen, da Sie glauben, dass sich der Markt in den nächsten Jahren zum positiven für Sie entwickelt, sollten Sie von einer langen Zinsbindung unbedingt absehen. Setzen Sie kein Eigenkapital ein. Für eine Immobilienspekulation sollten Sie nur die Kaufnebenkosten tragen und das Objekt bei der Bank voll finanzieren. Je nachdem wie lange Sie die Immobilie in Ihrem Bestand halten wollen legen Sie die Zinsbindungsfrist fest. Legen Sie die 》 Annuität so fest, dass diese durch die Mieteinnahme gedeckt wird. Denken Sie daran, dass der Zins günstiger wird, je kürzer Sie diesen festschreiben .Lassen Sie sich viele Angebote unterbreiten und verhandeln Sie diese gut, damit Sie wirklich den günstigen Zins für Ihr Vorhaben bekommen. Dies ist wichtig, da Sie kein weiteres „eigenes" Geld monatlich investieren sollten um den Gewinn nach erfolgtem Verkauf so groß wie möglich zu halten.

Info: Annuität

Als Annuität bezeichnet man in der Investitionsrechnung eine gleichbleibende regelmäßige Zahlung. Die Annuität setzt sich beim Immobilienkauf aus Zins und Tilgung zusammen. Wobei im Laufe der Zeit der Zins sinkt und die Tilgung steigt.

Beispiel:

Finanzierung 100.000 €, Mieteinnahmen 4.800 € kalt p. a.
Zins bei 5 Jahren Zinsbindung: 1,3 %,
Tilgung 3,5 % = 4.800 € Annuität

Achtung beim Verkauf von vermieteten Wohnungen innerhalb der Spekulationsfrist von 10 Jahren. Hier fällt die Spekulationssteuer in Höhe des persönlichen Steuersatzes an. Zu versteuern gilt es den Gewinn, den Sie durch den Verkauf erwirtschaften konnten plus die Abschreibung, die bereits getätigt wurde. Ein guter Verkauf kann sich allerdings trotzdem lohnen. Wenn sich die Immobilie in den fünf Jahren, in der Sie sie halten, entsprechend entwickelt. Sie müssen selbst abwägen, ob Sie verkaufen und Steuern bezahlen oder weiter spekulieren und unter Umständen die aktuelle Marktlage verpassen wollen.

Sie kaufen die Immobilie unter geringstem Eigenkapitaleinsatz und setzen die Tilgung genauso an, dass Sie mit den Mieteinnahmen Ihre Annuität bezahlen. Neben dem Gewinn, den Sie nach dem Verkauf erzielen, bezahlt Ihnen Ihr Mieter, in unserem Beispiel in den fünf Jahren noch 17.500 € (Tilgung 3,5 % auf 100.000 € sind 3500 €, diese mal die 5 Jahre Zinsbindung sind 17.500 €) von Ihren Schulden ab, den Sie (abzüglich der Kosten und der Steuern) voll auf Ihren Gewinn aufrechnen können.

Dieses Buch ist vorwiegend für Menschen gedacht, die durch den Kauf von Immobilien als Kapitalanlage ein Vermögen aufbauen möchten. Um mit Immobilien zu spekulieren, benötigt man eine andere Herangehensweise als beim Vermögensaufbau. Die Suche einer Immobilie, sowie die Auswahl der Lage ist völlig unterschiedlich. Daher empfehle ich dieses Buch als Leitfaden für den Vermögensaufbau.

Beispiel: Cashflow erzeugen:

Nebenrechnung Steuer (Monatsbasis)	
Warmmiete	454 €
– Hausgeld und Mietverwaltung	– 150 €
– Zinsen	– 113 €
– Abschreibung für Abnutzung (AfA)	– 106 €
= zu versteuernder Cashflow	85 €
× Grenzsteuersatz inkl. Soli/Kirchenst.	42 %
= Steuern	36 €

Viele Immobilieninvestoren kaufen Immobilien mit positivem Cashflow und erzeugen jeden Monat ein zusätzliches Einkommen. „Positiver Cashflow" wird erzeugt, wenn die Mieteinnahmen die Ausgaben für die Immobilie übersteigen.

(Beispiel eines Apartments für 80.000 €, Kaltmiete
384 €/Monat, 100 % finanziert zu 1,7 % Zins und
1 % Tilgung)

Cashflow pro Monat	
Warmmiete	454 €
– Bewirtschaftungskosten	– 184 €
– Zinsen	– 113 €
– Tilgung	– 67 €
= Cashflow operativ	90 €
– Steuern	– 36 €
= Cashflow nach Steuern	55 €

Hierfür ist es wichtig, die Kosten für die Immobilie so gering wie möglich zu halten. Von daher wählen Sie den niedrigsten Zins und die niedrigste Tilgung für sich. Wenn Sie wirklich nur darauf aus sind, Ihr monatliches Einkommen aufzubessern, lassen Sie alle anderen Faktoren außen vor und achten Sie wirklich nur darauf, dass Sie die Kosten für die Immobilie so gering wie möglich halten.

Eine jährliche Tilgung von 1 % sind in diesen Fällen keine Seltenheit. Objekte werden so auf einen möglichst langen Zeitraum finanziert und der „Cashflow" wird eingesteckt. Nach Ablauf der Finanzierung wird die Immobilie dann verkauft oder weiter finanziert, falls sich das dann noch lohnt.

Betrachtung der steuerlichen Aspekte

Beispiel:

Das bereits genannte Apartment für 80.000 €,
Kaltmiete 384 €/Monat,
100 % finanziert zu 1,7 % Zins und 1 % Tilgung,
Eigentümer: Unternehmer, verheiratet, 2 Kinder,
Steuersatz 42 %

Je nachdem, ob Sie mit Ihrem vermieteten Objekt einen Gewinn oder einen Verlust erwirtschaften, erhöhen oder senken Sie beim Vermieten Ihre Steuern. Wobei ich im Zusammenhang einer Kapitalanlage das Wort „Verlust" nicht wählen würde. Selbst wenn sich Ihre Wunschimmobilie nicht von alleine trägt und Sie neben den Mieteinnahmen noch einen Betrag selbst beisteuern müssen, um die Annuität zu tragen, ist das kein Verlust. Sehen Sie diesen „Zuschuss zur Miete" eher als Sparrate dafür, dass Sie ein Vermögen aufbauen und hierfür Ihren Teil beitragen.

Für Ihre Steuererklärung sollten Sie alle Belege und Rechnungen sammeln und anfallende Einnahmen und Ausgaben sorgfältig erfassen. Auf der Einnahmenseite verbuchen Sie sämtliche Geldzuflüsse, auf der Aufwendungsseite alle Ausgaben. Was am Ende übrig bleibt (wenn etwas übrig bleibt nennt man diesen Gewinn branchenintern „Cashflow"), ergibt den steuerlich relevanten Gewinn oder Verlust.

Im obigen Beispiel der Kapitalanlage für 80.000 € bleiben dem Eigentümer monatlich 90 € „Cashflow" übrig, die bei ihm als Einnahme zählen und somit voll steuerpflichtig sind. In unserem Bespiel (übrigens einer meiner Kunden) fallen bei einem Spitzensteuersatz von 42 % insgesamt 36 € an Steuern an. Somit hat der Eigentümer einen steuerbereinigten Cashflow von ca. 56 €.

Neben der Kaltmiete zählen auch alle Nebenkosten, die Ihnen der Mieter überweist, als Einnahmen. Im Gegenzug dafür dürfen Sie natürlich alle Ausgaben, die laut Abrechnung

der Hausverwaltung anfallen, als Aufwendungen von Ihren Einnahmen abziehen. Hierzu zählen auch die Grundsteuer sowie Nebenkosten, die Sie nicht auf den Mieter umlegen können. Einzige Ausnahme: Rücklagen zählen nicht als Aufwendung, weil es sich dabei nicht um Ausgaben, sondern um eine vorsorgliche Kapitalbildung für künftige Instandhaltungsmaßnahmen, handelt.

Abschreibung

Weil sich die Bausubstanz im Lauf der Zeit abnutzt und dieser Vorgang den Wert des Gebäudes verringert, können sie die AfA (Absetzung für Abnutzung, umgangssprachlich: „Abschreibung") geltend machen. Als Regelsatz gilt, dass Sie 50 Jahre lang jährlich zwei Prozent des Gebäudewertes als AfA von ihren Mieteinnahmen abziehen können. Als Basis dient der reine Anschaffungspreis des Gebäudes ohne den Grundstücksanteil. Letzterer wird anhand der örtlichen Bodenrichtwerttabelle herausgerechnet. Für Gebäude, die vor 1925 errichtet worden sind, können 40 Jahre lang jeweils 2,5% geltend gemacht werden. Auch Reparatur- und Renovierungsarbeiten an der Immobilie können Sie selbstverständlich steuerlich geltend machen. Die Kosten hierfür dürfen Sie von Ihren Einnahmen abziehen. Entweder im Jahr der Renovierung auf einmal oder über zwei bis fünf Jahre verteilt. Das gilt z. B., wenn Sie neue Fenster, neue Bodenbeläge oder ein neues Bad haben einbauen lassen.

Hier unterscheidet man zwischen Erhaltungsaufwand und Herstellungsaufwand.
- Beim Erhaltungsaufwand können Kosten in voller Höhe im Jahr in dem sie ausgegeben wurden, steuerlich geltend gemacht werden.
- Beim Herstellungsaufwand dürfen Sie die Steuer über mehrere Jahre absetzen.

Zum Erhaltungsaufwand zählen laut Bundesfinanzministerium „Aufwendungen für die Erneuerung von bereits vorhandenen Teilen, Einrichtungen oder Anlagen". Wichtig hierbei ist, dass in diesem Zusammenhang die modernisierten oder neuen Gebäudeteile die Funktion der alten Teile in vergleichbarer Weise ersetzen. Die Verwendungs- und oder Nutzungsmöglichkeit soll erhalten oder wiederhergestellt werden.

Neue Fenster zählen z. B. zum Erhaltungsaufwand und können sofort voll abgesetzt werden. Eine andere Variante beim Erhaltungsaufwand wäre, die Kosten gleichmäßig auf zwei bis fünf Jahre zu verteilen.

Ohne jetzt zu tief in das steuerliche Thema einzusteigen, möchte ich die Frage trotzdem beantworten. Was ist besser? Sofort absetzen oder auf zwei bis fünf Jahre abschreiben? Das kommt ganz darauf an, wie Ihre Situation ist. Hatten Sie ein sehr gutes Jahr mit gutem Einkommen, erwarten sie z. B. ein hohes Weihnachtsgeld oder ähnliches und haben noch dazu hohe Mieteinnahmen, dann können Sie die Kosten unmittelbar absetzen und somit Ihr zu versteuerndes Einkommen „schmälern".

Ist das Gegenteil der Fall und Sie sind z. B. unerwartet arbeitslos geworden, sollten Sie die Kosten auf fünf Jahre verteilen. Vielleicht fallen Sie so unter den Grundfreibetrag.

Wie gesagt, möchte ich das steuerliche Thema in diesem „Buch für Einsteiger" nicht überstrapazieren, da es einem Fass ohne Boden gleicht. Für alle, die mehr über das steuerliche Thema erfahren möchten (Achtung, Werbung in eigener Sache) habe ich einen umfangreichen Video-Online-Kurs ins Leben gerufen. Diesen können Sie auf meiner Homepage unter www.etk.de erwerben. Hier wird auch umfangreich auf das steuerliche Thema eingegangen und es wird dargestellt, auf welche Dinge Sie hier zu achten haben.

Steuerberater

Es ist wirklich gut, wenn Sie den Immobilienkauf mit Ihrem Steuerberater besprechen. Ich würde jetzt nicht so weit gehen und sagen, dass Sie vor dem Kauf mit einem Steuerberater sprechen müssen. Allerdings empfehle ich Ihnen, den Immobilienkauf von einem Steuerberater begleiten zu lassen. Oftmals hat ein guter Steuerberater einen Tipp oder einen Trick für Sie auf Lager, wie Sie steuerliche Vorteile aus dem Immobilienkauf nutzen können. Suchen Sie sich hierfür einen Ansprechpartner, bei dem Sie wissen, dass dieser bereits Erfahrungen mit Immobilien hat (ggf. finden Sie einen guten Kontakt über Internetforen oder entsprechende Gruppen im Bereich Social Media).

Ein kleiner, vielleicht „fieser" Tipp am Rande (sorry an alle Steuerberater da draußen): Ein Steuerberater berät die steuerlichen Aspekte, wie der Name schon sagt. Er ist aber kein Immobilienberater. Ich schreibe diesen Absatz in meinem Buch, da ich des Öfteren von Kunden gehört habe, dass ein Steuerberater sehr konservativ gegenüber Immobilien berät und in manchen Fällen sogar davon abrät. Hier gilt es genau zu prüfen, warum er abrät. Aus finanziellen Gründen? Oder aus seiner persönlichen Meinung heraus?

Was ich damit sagen möchte: Hören Sie sich gerne jede Meinung an. Machen Sie sich aber Ihr eigenes Bild Ihrer Situation.

Worüber Sie sich aber auf jeden Fall mit ihrem Steuerberater unterhalten sollten, sind die oben angesprochenen Themen der Abschreibung und wie sie Reparaturen oder Investments richtig absetzen. Wussten Sie, dass sie im Falle einer möblierten Vermietung auch die Möbel steuerlich geltend machen können? Auch hier gibt es wieder Grenzen, die eingehalten werden müssen, wenn Sie die Kosten sofort und vollständig abschreiben möchten. Genauso gut können Sie aber auch die Kaufpreise für Möbel auf 13 Jahre abschreiben ...

Ja, Sie sehen schon, das Thema Steuern ist ein Kapitel für sich und muss sehr detailliert und individuell bearbeitet werden.

Unterlagen einholen und prüfen

Wenn Sie sich also kaufmännisch und technisch (technisch = z. B. Heizung, Aufzuganlage, Fenster, etc.) für ein Objekt entschieden haben, kommt ein sehr wichtiger Schritt, den Sie auf jeden Fall sehr gewissenhaft erledigen sollten. Sammeln Sie alle Unterlagen zusammen, welche Sie für eine Kaufentscheidung prüfen müssen.

Viele Makler und Eigentümer geben diese Unterlagen nur an Interessenten heraus, die sich wirklich für die Immobilie interessieren. Wundern Sie sich also nicht, wenn Sie diese Unterlagen erst erhalten, nachdem Sie der Verkäuferseite sagen, dass die Wohnung durchaus für Sie infrage kommt:

Mietvertag mit Nachweis der Mietzahlungen

Bei vermieteter Wohnung ist der Mietvertrag und der Nachweise der Mietzahlungen äußerst wichtig. Lassen Sie sich den Mietvertrag kopieren. Lesen Sie diesen durch und achten Sie auf eventuell vereinbarte Sonderregelungen oder Pflichten, die Sie zu erfüllen haben. Des weiteren lassen Sie sich einen Nachweis, z. B. einen Kontoauszug geben, aus dem ersichtlich ist, dass die Mieter lückenlos und pünktlich die Miete bezahlen. Nichts ist schlimmer, als wenn Sie eine Wohnung kaufen, bei der Sie denken, es sei alles in Ordnung – und Sie dann im Nachhinein feststellen, dass die Mieter unregelmäßig oder gar keine Miete bezahlen. Ich sage nicht, dass Sie eine Wohnung mit „schlechten Mietern" nicht kaufen sollten – nur sollten Sie den Kaufpreis dann deutlich nach unten angepasst haben.

Protokolle der letzten Eigentümerversammlungen

Die Eigentümergemeinschaft einer » WEG trifft einmal im Jahr zusammen und bespricht mit dem Hausverwalter alles, was in oder am Haus passiert ist oder in Zukunft passieren sollte. Nach diesen Treffen händigt der Hausverwalter jedem

Eigentümer ein Protokoll aus, welches widergibt was besprochen und beschlossen wurde. Lassen Sie sich die Protokolle der letzten drei Jahre (mindestens drei Jahre!) aushändigen und lesen Sie diese. Achten Sie vor allem auf Streitigkeiten innerhalb der WEG z. B. ein Gerichtsprozess zwischen Eigentümern o. ä. und vor allem auf Beschlüsse, die Geld kosten werden. Wenn die WEG z. B. beschlossen hat, dass das marode Dach saniert werden muss und dies aus den 》 Rücklagen geschieht, ist alles in Ordnung. Wird aber eine 》 Sonderumlage beschlossen, sollten Sie die Höhe erfahren und unbedingt in Ihrer Kalkulation mit aufnehmen (bzw. sollte die Höhe der Sonderumlage vom Kaufpreis abgezogen werden).

Wirtschaftsplan der letzten drei Jahre

Lesen Sie diesen sorgfältig durch und machen Sie sich ein Bild der Kosten, die für die Wohnung anfallen. Hat der Verkäufer oftmals nachgezahlt oder hat er etwas wiederbekommen? Wie hoch sind die umlagefähigen Nebenkosten im Vergleich zu den 》 nichtumlagefähigen Nebenkosten? Aus dem Wirtschaftsplan können Sie alle Zahlen entnehmen, die für den Zeitraum von einem Jahr für den Unterhalt des Hauses benötigt wurden. Achten Sie hierbei auch auf die beiden Spalten, die dort üblicherweise zu finden sind: Eine Spalte zeigt den Verbrauch des gesamten Hauses ab, die andere den Verbrauch Ihrer Einheit.

Teilungserklärung

In den vom Wohnungseigentumsgesetz festgelegten Beschränkungen kann die Teilungserklärung bestimmen, welche Teile des Gebäudes in Sondereigentum (z. B. Wohnungen oder Kellerabteile) stehen und welche dem Gemeinschaftseigentum (Hausflure, Aufzüge, Tiefgaragen, usw.) zugeordnet sind. Ferner sind in der Regel besondere Sondernutzungs-rechte (z. B. an Gartenanteilen, Carports oder Außenstellplät-zen) festgehalten. Die Teilungserklärung ist Voraussetzung für die Anlage der Wohnungsgrundbücher und somit das Bestehen der WEG. Ebenso ergeht aus der Teilungserklärung ihre Einheitsnummer und in der Regel die Quadratmeteran-zahl der Einheit (gut um die Angaben des Verkäufers bzgl. der Wohnfläche zu überprüfen).

Info: WEG

Ein Haus mit z. B. 10 Wohnungen, wobei jede Wohnung einen eigenen Eigentümer hat, nennt man im Fachjar-gon WEG – eine Wohnungseigentümergemeinschaft – eben eine Gemeinschaft, die sich aus den zehn Eigen-tümern der jeweiligen Wohnungen zusammensetzt. Kaufen Sie eine Wohnung in einem Mehrfamilienhaus, werden Sie nach Übergang der Nutzen (1) und Lasten Mitglied dieser Gemeinschaft und dürfen, gerechnet an den Anteilen der Wohnfläche (oder Miteigentumsantei-len (2)), welche Ihre Wohnung hat, mitbestimmen und aber auch die Kosten tragen.

(1) Übergang Nutzen und Lasten:
Der Übergang von Nutzen und Lasten geht auf Sie über, wenn Sie den Kaufpreis bezahlt, überwiesen haben. Al-ternativ kann man im Notarvertrag ein Datum vereinba-ren, an dem der Übergang stattfinden soll. Nach Über-gang der Nutzen und Lasten haben Sie das Recht auf den Erhalt von Mieteinnahmen, müssen aber auch die Kosten tragen und steigen in die Eigentümergemein-schaft mit allen Rechten und Pflichten ein.

(2) Miteigentumsanteile (MEA):
MEA legen den Anteil am gemeinschaftlichen Eigentum dar. Kleinere Einheiten werden in 1.000 MEAs und grö-ßere Einheiten in 10.000 MEAs unterteilt. Je nach Größe der Einheit, repräsentieren sie eine größere Anzahl MEA als bei einer kleineren Einheit.

Grundbuch

Das Grundbuch ist ein öffentliches Register, in dem die Grundstücke, grundstücksgleichen Rechte (z. B. Grenzbebauungen die den Grundstückspreis mindern könnten oder Überfahrtsrechte, die Sie zu Ihrem Wunschgrundstück über ein benachbartes Grundstück bringen), die hieran bestehenden Eigentumsverhältnisse und die damit verbundenen Belastungen (Grundschuld oder Darlehensvaluta) verzeichnet sind.

Beispiel:

Die Summe aller Wohn- und Nutzflächen des Sondereigentums in einem Gebäude betragen 400 m². Dann entfallen auf jeden Quadratmeter Sondereigentum:

1000 MEA's Gesamteinheiten ÷ 400 m² Wohnfläche im gesamten Haus = 2,50 MEA = 2,50/1000 Miteigentumsanteile (MEA)

Eine Wohnung in diesem Gebäude, die 50 m² Wohnfläche hat, entspricht demnach 50 m² Wohnfläche × 2,50 = 125,0/1000 MEA.

Info: Rücklagen der WEG

Jeder Eigentümer muss monatlich einen Betrag X auf das Rücklagenkonto der WEG einzahlen. Dieser berechnet sich an dem Anteil der Wohnfläche zum gesamten Objekt oder an den Miteigentumsanteilen am Haus. Diese Rücklagen werden gebildet, um einen Puffer für eventuell anstehenden Reparaturen oder Sanierungen zu bekommen.

Achtung: Es gibt hier wenigen Ausnahmen. Meist in kleineren Eigentümergemeinschaften, in denen keine Rücklage gebildet wird. Hier müssen die Eigentümer Sonderumlagen aus eigener Kraft finanzieren können.

Info: Sonderumlage

Ist das Rücklagenkonto der WEG nicht oder nicht ausreichend gefüllt, so müssen anstehende Reparaturen oder Sanierungen über eine Sonderumlage finanziert werden. Das bedeutet für Sie als Eigentümer, dass die Kosten für die Dachsanierung durch die Anzahl der Wohnungen und deren Wohnfläche bzw. Miteigentumsanteilen geteilt werden und der Betrag auf einmal bezahlt werden muss. Kurzum, je größer die Wohnung, die Sie besitzen, desto größer die Sonderumlage.

Info: Umlagefähige und nicht umlagefähige Nebenkosten

Die Unterhaltskosten einer Immobilie teilen sich nach dem Gesetz in diese zwei Anteile auf. Die umlagefähigen Kosten sind die Kosten, die Sie über die jährliche Nebenkostenabrechnung ihrem Mieter „in Rechnung stellen können". Die nichtumlagefähigen Kosten müssen Sie als Eigentümer bezahlen und Sie können diese nicht auf Ihren Mieter umlegen. Hierzu zählen unter anderem die Verwalterkosten und die Einzahlung auf das Rücklagenkonto.

Nebenkosten (nicht umlagefähig):

Zu den nicht umlagefähigen Nebenkosten zählen

- Reparaturkosten
- Instandhaltungskosten
- Verwaltungskosten
- Nebenkostenanteile für leerstehende Wohnungen
- Bank- und Kontoführungskosten
- Wach- und Schließgesellschaften
- Dachrinnenreinigung
- Sonstige nicht umlagefähigen Nebenkosten
    - Umwelthaftpflichtversicherung
    - Reparaturkostenversicherung
    - Rechtsschutzversicherung

》

- Mietausfallversicherung (Versicherungen dienen nur dem Vermieterinteresse)
- Zinsabschlagsteuer auf Instandhaltungsrücklagen
- Zinsen für ein Darlehen zum Einkauf von Heizöl
- Wartungskosten für die Klingelsprechanlage
- Prozesskosten des Vermieters für Mietzahlungsklage gegen säumigen Mieter
- Kosten der Zwischenstandabrechnung beim Ein- und Auszug eines Mieters
- Einmalige Schädlingsbekämpfung
- Anschaffung von Gartengeräten (teils streitig)
- Fassadenreinigung
- Baumfällen, wenn der Baum erkennbar morsch ist oder aufgrund behördlicher Vorgabe gefällt werden muss (LG Berlin, Az. 64 S 365/87)
- Erbpachtzinsen an den Grundstückseigentümer
- Installation von Feuerlöschern (nur die Wartungskosten sind umlagefähig)

Die nichtumlagefähigen Kosten sind, wie der Name schon sagt, Beiträge der WEG, die Sie als Vermieter selbst tragen müssen. Diese können Sie am Ende des Jahres nicht auf den Mieter umlegen.

Nebenkosten (umlagefähig): Zu den umlagefähigen Nebenkosten zählen:
- Grundsteuer
- Abwassergebühr
- „Warme Betriebskosten": Heizung und Warmwasser
- Straßenreinigung

- Müllabfuhr
- Gebäudereinigung und Ungezieferbeseitigung
- Gartenpflege
- Beleuchtungskosten
- Sach- und Haftpflichtversicherungen
- Hausmeisterkosten
- Fernsehen / Antenne
- Waschraum
- Sonstige Betriebskosten. Unter diesem Begriff können sie weitere „laufende Nebenkosten" für die Mietwohnung anrechnen, sofern Sie dies im Mietvertrag genau festgehalten haben. Beispielsweise können Sie die Wartungskosten für Rauchmelder oder die Trinkwasseranalyse umlegen.

Die umlagefähigen Nebenkosten können Sie Ihrem Mieter also mit der Nebenkostenabrechnung am Ende eines Wirtschaftsjahres berechnen. Das bedeutet, diese Kosten übernimmt der Mieter für Sie. Hierfür bezahlt Ihnen der Mieter eine Betriebskostenvorauszahlung. Die laufenden umlagefähigen Nebenkosten rechnen Sie mit der Nebenkostenvorauszahlung ab.

Kapitel 7: Der Kauf

Sie haben also eine Immobilie gefunden, die Ihnen zusagt, Sie waren bei der Besichtigung und haben die Unterlagen geprüft. Alle Ampeln stehen auf grün und Sie sind bereit zum Kauf.

Kaufpreis verhandeln

Wenn Sie alles geprüft und gesehen haben, sich immer noch sicher sind, dass Sie die Immobilie gerne kaufen möchten, dann müssen Sie den Preis verhandeln. Hierzu müssen Sie wissen, dass viele Verkäufer (sowohl privat als auch Immobilienmakler) den Preis der Immobilie zu hoch ansetzen und nach dem Motto „runter gehen kann ich immer noch", erstmal einen wenig verhandlungsbereiten Eindruck machen. Deshalb ist es auch hier wichtig, dass Sie ein gutes Gespür dafür entwickelt haben, was die Immobilie im wesentlichen Wert ist und wie begehrt die Immobilie tatsächlich ist.

Ein guter Tipp um festzustellen, wie begehrt das Objekt ist, wäre, etwas früher auf die Besichtigungen zu fahren und nach den Besichtigungen etwas länger am Objekt zu bleiben. Nachdem Sie sich nach der Besichtigung sowieso ein Bild von außen verschaffen möchten und Sie etwas in der Nachbarschaft herumspazieren werden, achten Sie darauf, ob noch Interessenten zum Termin kommen. Gerade, wenn neue Objekte auf den Markt kommen und Sie auf einen der ersten Besichtigungstermine eingeladen werden, ist es sinnvoll, etwas früher zu kommen und dementsprechend auch länger zu bleiben. Die meisten Verkäufer und Makler sind eher bequem und machen Besichtigungen an einem Tag und laden hierzu alle Interessenten ein. Auch ich habe das so gemacht. Bei guten Objekten war ich teilweise einen ganzen Nachmittag damit beschäftigt meine Interessenten im 30-Minuten-Takt durch die Immobilie zu führen.

Je nachdem wie viele Interessenten vor oder nach Ihnen kommen, wissen Sie, dass viele oder wenige Interessenten für das Objekt gefunden wurden. Hier muss man selbstverständlich unterscheiden, ob man sich in einer Großstadt oder auf dem Land befindet. In einer Stadt, vor allem in den „big seven" wird man in den seltensten Fällen allein auf einer Besichtigung sein.

Nur wie verhandelt man jetzt einen Kaufpreis ordentlich? Ohne, dass man zu viel zahlt oder durch zu lange Verhandlungen die Immobilie überhaupt nicht bekommt?

Hierfür habe ich vier Tipps, die ich grundsätzlich einhalte, egal ob ich beruflich oder privat Immobilien kaufe.

Tipp 1: Das erste Angebot kommt von Ihnen

Versuchen Sie, das erste Angebot zu abzugeben – lassen Sie dem Verkäufer nicht den Vortritt. Warum ist das wichtig? Der Verkäufer oder dessen Makler wird zu 99 % ein Gegenangebot abgeben – dieses wird sich dann, im besten Fall, an Ihrem Angebot orientieren.

Wenn der Verkäufer das erste Angebot legt, müssen Sie nochmal unterbieten, dass ist psychologisch schlecht. Nachfolgend ein Beispiel:

Kaufpreis im Exposé:	100.000 €
Ihre Schmerzgrenze:	90.000 €
Entgegenkommen Verkäufer:	95.000 €

(Psychologisch gesehen ist er Ihnen hier bereits um 5.000 € entgegen gekommen, Sie möchten aber nur 90.000 € bezahlen – somit sind Sie jetzt gezwungen das „entgegenkommen des Verkäufers" nochmal zu unterbieten.)

Ihr Gegenangebot: 85.000 €

(Jetzt muss Ihnen der Verkäufer nochmal um 5.000 € entgegenkommen und gibt psychologisch das zweite Mal nach.)

Besser:

Kaufpreis im Exposé: 100.000 €
Ihre Schmerzgrenze: 90.000 €
Ihr Angebot: 85.000 €

(Jetzt muss Ihnen der Verkäufer das erste Mal entgegen kommen. Viele Verkäufer „verstehen" bereits jetzt, dass Ihr Wunschpreis 90.000 € ist.)

Grundsätzlich habe ich die Erfahrung gemacht, dass die Preise, die im Exposé stehen als „Angebotspreise" zu verstehen sind. Die wenigsten Eigentümer oder Makler stellen die Immobilien mit einem Festpreis auf die Portale. Je nachdem wie hoch die Nachfrage ist, ist auch meine Verhandlung erfolgreich.

Begehen Sie allerdings nicht den Fehler und verhandeln „um jeden Preis". Wenn eine Immobilie trotzdem gut ist, kann man diese auch zum Angebotspreis kaufen. Andernfalls ist die Gefahr hoch, dass ein anderer Käufer den Zuschlag bekommt und Sie gehen leer aus.

Tipp 2: Geben Sie Ihren Kaufpreis schriftlich ab

Geben Sie immer ein schriftliches Kaufpreisangebot ab. Das wirkt seriös und macht einen guten Eindruck beim Eigentümer. Wie Sie bereits weiter vorne im Buch gelesen haben, machen Kleider Leute und das Werkzeug den Handwerker. Nach diesem Motto setzen Sie ein Dokument mit ihrem Briefkopf auf und schreiben dem Verkäufer, egal ob privat oder über einen Makler, ein schriftliches Angebot.

Warum ist die Schriftform so wichtig? Der Verkäufer will einen Abschluss und Sie wollen eine neue Immobilie. Ein Angebot, das mündlich ausgesprochen wird, wirkt weniger seriös und verbindlich als etwas Schriftliches. Deswegen wird der Verkäufer auf ein verbindliches Angebot schneller eingehen, als auf ein gesprochenes Wort. Jeder will den Deal abschließen, ein schriftliches Kaufpreisangebot ist gleich zu deuten mit einer Zielfahne für den Verkäufer. In Gedanken, keine weitere Zeit in den Verkauf zu verschwenden, wird der Verkäufer bereit sein, Ihren Preis anzunehmen – vorausgesetzt, es gibt kein besseres Angebot.

Schreiben Sie ihren Kaufpreis und die Begründung des Preises auf. Wichtig ist, dass Sie keinen utopisch geringen Preis aufschreiben und das Angebot dann so verschicken. Begründen Sie Ihren Preis immer! Zum Beispiel können Sie aufschreiben, welche Renovierungen oder Sanierungen Sie planen und wieviel diese ungefähr kosten werden. Müssen Sie sich ein Polster schaffen, weil die Rücklagen der WEG zu gering sind? Schreiben Sie das auch in Ihr Angebot mit rein. Außerdem können Sie sich auf Vergleichsangebote beziehen, die Sie ebenso besichtigt haben. Ganz egal wie Sie Ihren Preis begründen – begründen Sie ihn. Andernfalls laufen Sie Gefahr, den Verkäufer zu verärgern. Wie sie wissen, müssen Sie ein gewisses Maß an Sympathie zum Verkäufer aufgebaut haben, um den besten Preis zu bekommen. Dennoch ist alles gut, was den Preis realistisch und nachvollziehbar nach unten drückt.

Tipp 3: Finden Sie den richtigen Angebotspreis

Gehen sie ca. 10 bis 20% unter den Preis, den Sie bezahlen möchten. Genau wie es der Verkäufer gemacht hat, hat die Immobilie einen Verkehrswert und einen Marktwert. In dieser Spanne liegt der Verkaufspreis. Der Verkäufer schlägt um die 20% drauf und Sie bieten 20% weniger. Die wenigsten Verkäufer lehnen ein Angebot kategorisch ab, wenn es trotzdem fair ist. Es folgt immer ein Gegenangebot, dass Sie dann annehmen können oder bei dem Sie wieder mit einem schriftlichen Gegenangebot kontern können.

Tipp 4: Geben Sie nicht zu schnell nach

Bleiben Sie etwas hartnäckig und gehen Sie nicht auf das erste Gegenangebot ein. Erst wenn Sie merken, dass kein Verhandlungsspielraum mehr gegeben ist, weil der Verkäufer z. B.

- sagt, dass er sich bei Ihnen wieder meldet, wenn er keinen Käufer für den Preis findet, oder
- dass er den Deal ganz absagt, oder
- er Ihnen einfach nicht mehr weiter entgegenkommt, auch nicht, nachdem Sie das dritte Mal ein Angebot gesandt haben, das unter seinem Preis liegt.

Wenn das passiert, können Sie sich immer noch überlegen, ob Sie auf den Preis des Verkäufers einsteigen oder ob Sie abwarten und hoffen, dass er keinen anderen Käufer findet.

Aber Vorsicht: Gerade in der heutigen Zeit (Jahr 2019) in denen der Markt angespannt und nervös ist, gilt es umso mehr das richtige Timing zu finden. Je mehr Nachfrage am Markt, desto weniger Verhandlungsspielraum ist vorhanden. Genauso ist es mit der Zeit. Verhandlungen sind langwierig und können Zeit in Anspruch nehmen. Zeit, die Sie unter Umständen nicht haben werden. Wenn Sie eine Immobilie wirklich kaufen möchten und diese Immobilie alle Voraussetzungen erfüllt, die für Sie wichtig sind, schlagen Sie zu.

Aus der Praxis kann ich sagen, dass ich Immobilien schon oft zum Angebotspreis gekauft habe. Wenn sich eine Immobilie rechnet und der Preis in einem fairen Rahmen ist, kann man gerne zusagen ohne zu verhandeln. Ebenso habe ich bei Immobilien schon ab und zu den Angebotspreis überboten:

Vor kurzem stand ein Apartment in einem bekannten Onlineportal, das sich im gleichen Haus befindet, in dem ich bereits ein Apartment besitze. Ich weiß, dass das Haus gut ist und weiß, dass die Wohnung mit 95.000 € nicht zu teuer ist (beim Ankauf der ersten Wohnung hat meine Bank die Wohnung auf 120.000 € gewertet. Ein seltenes Phänomen, da Banken immer sehr konservativ bewerten und die Immobilie immer schlechter berechnen. Am Besichtigungstag waren mehrere Interessenten vor Ort, die auch zugesagt hatten. Ich wollte das Apartment aber unbedingt und unmittelbar nach der Besichtigung ein Kaufpreisangebot (schriftlich) in Höhe von 100.000 € abgegeben. Immer noch ein guter Deal, wenn man bedenkt, dass die Wohnung 120.000 € wert ist. Mehr würde ich aber nicht mehr bieten ... man sollte sich immer Grenzen setzen!

Goldene Regel bei der Kaufpreisverhandlung:

Sie haben die Immobilie gesehen und haben die Zahlen. Sie haben alles genau ausgerechnet und wissen, zu welchem Preis sich die Immobilie rechnet und wann diese unrentabel wird. Bevor Sie die Verhandlungen beginnen, legen Sie sich einen Preis fest, den Sie maximal bereit sind zu bezahlen. Gehen Sie niemals über diesen Preis – sagen Sie dann lieber ab und warten Sie auf das nächste gute Angebot.

Gerade im ≫ Gebotsverfahren ist man gewillt mehr zu bezahlen, als es sein müsste. Lassen Sie sich nicht von dem Hype mitreißen und gehen Sie lieber wieder einen Schritt zurück. Es kommen jeden Tag viele Immobilien auf den Markt, früher oder später finden Sie Ihre perfekte Immobilie zu einem fairen Preis.

Eine Immobilie zu kaufen ist eine große Entscheidung, ich habe es schon mal erwähnt. Wenn sie sich nicht zu 100 % sicher sind, lassen Sie es lieber sein.

Info: Gebotsverfahren

Die Immobilie wird ohne Preis (oder mit einem sehr niedrigen Preis um „mehrere Interessenten" zu locken), dafür mit einem Besichtigungstermin inseriert. Der Besichtigungstermin ist oft ein Sammeltermin, ähnlich einer „open house" Veranstaltung in den USA. Alle Interessenten haben die Möglichkeit in einem Zeitfenster die Immobilie zu besichtigen. Jeder Interessent ist dann angehalten, bei Interesse ein Kaufpreisangebot abzugeben. Alternativ werden die Angebote anonym auf einer Homepage veröffentlicht oder per E-Mail an die Höchstbietenden gesandt. Dann darf jeder nochmal überbieten oder aussteigen. Der Effekt ist für den Verkäufer großartig, denn je mehr Interessenten da sind, desto höher fallen die Gebote aus. Nicht selten werden Immobilien im Gebotsverfahren teurer verkauft als im „normalen Verkauf".

Der Notartermin

Der Notartermin ist ein wichtiger Termin, auf den Sie sich gut vorbereiten sollten. Am Anfang wird alles sehr schwerfällig und kompliziert auf Sie wirken. Es gibt gute und schlechte Notare. Für ihren ersten Kauf wünsche ich Ihnen von Herzen einen guten Notar. Dieser erklärt Ihnen, was zwischen den Zeilen steht, und geht auf Ihre Fragen, auch während der Beurkundung, ein.

Ich selbst hatte leider kein Glück bei meinem ersten Immobilienkauf. Der Notar ist ein älterer Herr, welcher seit gefühlten 50 Jahren nur Kaufverträge beurkundet. Er besitzt ein schickes

Büro in bester Lage in München, hat mehrere Angestellte – verdient also ein gutes Geld und sollte deshalb auch gewillt sein, eine entsprechende Dienstleistung zu bieten. Das Problem ist nur, dass er ein lausiger Dienstleister ist. Er liest, wenn man das lesen nennen kann, den Kaufvertrag leise und in einer Geschwindigkeit vor, dass man kaum ein Wort versteht. Das Ergebnis war ein richtiger Wörterbrei, bei dem ich nur Fragezeichen im Kopf hatte. Fragen waren unerwünscht und wurden, wenn überhaupt, grummelig und in einem kurzen Beisatz abgehandelt.

Tipp: Lassen Sie sich für den oben geschilderten Fall unbedingt vom Notar ein Exemplar zum Mietlesen geben. Wenn dieses nicht automatisch kommt, fragen Sie vor Beginn der Beurkundung danach. Ich teile schon immer bei der Anmeldung mit, dass ich oder meine Kunden ein Mitleseexemplar wünschen.

Ebenso wichtig ist, dass Sie sich Ihr eigenes „verhandeltes" Exemplar aus der Kommunikation mit dem Notarangestellten mitbringen und mit der Version vergleichen, die der Notar vorliest. Es ist mir schon oft passiert, dass Änderungen nicht übernommen wurden.

Vorbeugend: Fragen Sie Freunde und Bekannte ob diese in der Vergangenheit gute Erfahrungen mit einem Notar gemacht haben und bitten Sie den Verkäufer, zu diesem Notar zu gehen. Wenn Sie keinen Notar empfohlen bekommen oder der Verkäufer zu „seinem Notar" gehen möchte, sollten Sie sich gut vorbereiten!

Vor dem Notartermin gibt es einen Kaufvertragsentwurf. Dieser wird ihnen, meist per E-Mail, von einem Mitarbeiter des Notariats übersandt. Wichtig ist, dass sie sich diesen Kaufvertrag sehr genau ansehen und durchlesen. Googeln Sie alles, was Sie nicht verstehen und lesen Sie sich unbedingt ein. Scheuen Sie sich nicht, im Notariat anzurufen und Ihre Fragen zu stellen. Lassen Sie Passagen ändern bei denen Sie sich unwohl fühlen. Natürlich müssen Sie alle geänderten Passagen auch mit dem Verkäufer bzw. dessen Makler besprechen und klären.

Wenn Sie über einen Makler kaufen, nehmen Sie diesen in die Pflicht. Ein Makler bekommt eine sehr gute Provision von Ihnen. In seiner Dienstleistung sollte auf jeden Fall die Vorbesprechung des Kaufvertrags beinhaltet sein. Ich bin selbst Makler und gehe mit jedem meiner Kunden (Käufer und auch Verkäufer) mindestens eine Woche vor dem Notartermin den Kaufvertrag durch und beantworte Fragen, bzw. nehme Änderungswünsche auf.

Es ist äußerst wichtig, dass Sie den Notar sofort unterbrechen, wenn Sie etwas nicht verstehen. Halten Sie sich immer vor Augen: Der Notar ist Dienstleister und verdient an Ihnen als Käufer viel Geld (ca. 1,5 % vom Kaufpreis – das ist ein unfassbar guter Stundenlohn). Er sollte bereit sein, Ihnen einen angenehmen Termin, samt Beantwortung aller Fragen und dem Nehmen aller Unsicherheiten, zu bereiten.

Wichtig ist, dass Sie den Ablauf eines Immobilienkaufs verstehen. Dann verstehen Sie auch, was in einem Kaufvertrag geregelt ist:

Ablauf eines Immobilienkaufs:

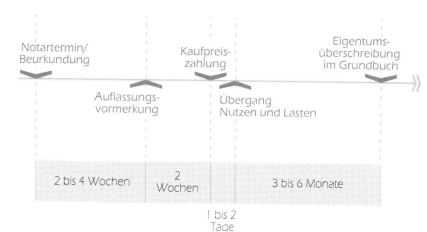

Nach dem Tag der Beurkundung wird der Notar alle notwendigen Unterlagen vorbereiten und alle weiteren Schritte veranlassen um die » Auflassungsvormerkung einzutragen. Eine Auflassungsvormerkung ist wie eine Art Reservierung, die sicherstellt, dass der Verkäufer das Objekt nicht ein weiteres Mal verkauft oder erneut bei der Bank mit Schulden belastet. Wenn diese eingetragen ist, erhalten Sie vom Notar die Aufforderung zur Kaufpreiszahlung, die Sie dann Ihrer Bank weiterleiten. Nach Überweisung der Kaufpreiszahlung bestätigt der Verkäufer den Eingang des Geldes in Form einer Quittung beim Notar. Der Tag des Geldeinganges (oder der Termin, der im Notarvertrag/Kaufvertrag steht) ist der Tag des Übergangs der Nutzen und Lasten (siehe auch Seite 73). Alternativ können Sie auch einen Termin mit dem Verkäufer verhandeln – dies passiert oft am Jahresende, wenn man den 01.01. als Stichtag wählt um die Abrechnungen besser zu teilen. Von diesem Zeitpunkt an sind Sie Eigentümer der Immobilie. Die Umschreibung im Grundbuch dauert in der Regel zwischen drei und sechs Monate. Nachdem die Umschreibung im Grundbuch erfolgt ist, stehen Sie als Eigentümer auch im Grundbuch – der alte Eigentümer ist dann gelöscht.

Sie werden leider feststellen, dass ein Notartermin sehr trocken und unaufgeregt ist. Ich war nach dem ersten Kauf ziemlich enttäuscht, wie unspektakulär dieser Termin ablief. Ich habe mich tagelang darauf gefreut und war nahezu euphorisch, meine erste Immobilie kaufen zu dürfen. Für mich war es ein großer Tag und ich war voller Stolz. Lassen Sie sich von der Stimmung beim Notar nicht beirren. Sie kaufen gerade eine Immobilie. Das ist ein Gefühl, das vieler Ihrer Mitmenschen niemals haben werden.

Genießen Sie den Tag, nehmen Sie sich die Zeit, Ihren Immobilienkauf zu feiern. Finanziell gesehen ist es eine der größten Entscheidungen in Ihrem Leben!

Ausnahmen bestätigen die Regel. In meinem Fix & Flip Unternehmen (Kaufen – Sanieren – Verkaufen) drängen wir oft darauf, sofort nach Notartermin zahlen zu dürfen, um sofort mit der Sanierung beginnen zu können. Die Voraussetzung ist aber eine andere – hier arbeite ich als Unternehmer und darf möglichst wenig Zeit für eine Wohnung benötigen.

Im „normalen" Buy & Hold (Kaufen – behalten) Geschäft kann ich Ihnen dieses Vorgehen allerdings nicht empfehlen. Warten Sie ab, bis Sie der Notar anschreibt und Ihnen mitteilt, dass die Auflassung eingetragen ist. Dann können Sie zur Bank gehen (oder den Brief per Mail schicken) und den Kaufpreis überweisen lassen (oder selbst überweisen).

Kapitel 8: Immobilie gekauft – was nun?

Kaufpreis verhandelt? Zugesagt? Beim Notar die Immobilie gekauft? Und schon haben Sie, fast ohne es zu merken, den Einstieg geschafft und sind stolzer Eigentümer einer Immobilie! Wie Sie sehen ist das alles kein Hexenwerk, wenn Sie wissen wie Sie es angehen müssen. Eine gute Immobilie zu finden dauert Zeit, die sollen Sie sich auch nehmen. Haben Sie dann aber ein passendes Objekt zu einem fairen Preis gefunden – schlagen Sie zu! Überlegen Sie nicht zu lange. Treffen Sie schnelle Entscheidungen, dann wird ein Immobilienkauf nicht zur Belastung, sondern der Kauf wird Ihnen Spaß machen – eine spannende Zeit, genießen Sie es!

Wohnungsübergabe

Nach Übergang der Nutzen und Lasten sind Sie Eigentümer und sollten Ihr Eigentum in Empfang nehmen. Treffen Sie sich aus diesem Grund mit dem Verkäufer vor Ort und erledigen Sie die Übergabe. Wichtig hierbei ist ein Übergabeprotokoll, in dem festgehalten wird, was Sie in welchem Zustand übernehmen. Ebenso wichtig ist es, die Zählerstände (Heizung, Strom und Wasser) abzulesen.

Lassen Sie sich ebenso alle Unterlagen, die Sie für die Wohnung benötigen, im Original übergeben. Im besten Fall hat der Eigentümer einen oder mehrere Ordner mit Unterlagen. Im schlimmsten Fall bekommen Sie eine Zettelwirtschaft übergeben.

Achten sie darauf, dass Sie alle Schlüssel bekommen. Gleichen Sie beim Kauf der Immobilie das Übergabeprotokoll des Verkäufers mit dem Protokoll des Mieters ab. Hier sollte die gleiche Anzahl an Schlüsseln aufgeführt sein. Kurzum: der Verkäufer muss alle Schlüssel, die er damals beim Kauf erhalten hat, dem

Mieter übergeben haben – stimmt die Anzahl nicht überein, sollte er Ihnen die Differenz an Schlüsseln aushändigen.

Schicken Sie das Übergabeprotokoll samt des kopierten Kaufvertrags an die Hausverwaltung und stellen Sie sich als neuer Eigentümer via E-Mail vor. Aber Achtung: Kaufpreis dabei bitte schwärzen! – Die Hausverwaltung geht der Kaufpreis der Wohnung nichts an. Die Hausverwaltung wird Ihnen dann ein Begrüßungsschreiben samt SEPA-Lastschriftmandat zusenden. Ich persönlich würde dieser Lastschrift zustimmen. Es ist unkompliziert, wenn Sie die Kosten abbuchen lassen und es ist in der Regel auch günstiger (Kosten für Abbuchungen stehen im Verwaltervertrag).

Bei vermieteten Wohnungen

Wenn die Wohnung vermietet ist, müssen Sie sich beim Mieter als neuer Eigentümer vorstellen. Dieses machen Sie schriftlich und teilen in gleichem Atemzug ihre Bankverbindung mit, damit der Mieter die Miete ab sofort auf Ihr Konto überweisen kann.

Wichtig hierbei ist, Kauf bricht Miete nicht! Ich höre immer wieder Kunden bei der Wohnungsübergabe fragen, wann ich denn den neuen Mietvertrag schreibe. Der alte Mietvertrag bleibt bestehen. Der Mieter hat ein Anrecht darauf. Das bedeutet, Sie steigen in den bestehenden Mietvertrag ein, dürfen diesen aber nicht ändern oder neu schließen.

Ebenso wichtig bei vermieteten Wohnungen ist die Übergabe der Kaution. Achten Sie darauf, dass der alte Eigentümer Ihnen die Kaution in voller Höhe überweist. Vorab muss der Verkäufer den Mieter „um Erlaubnis fragen", Ihnen die Kaution aushändigen zu dürfen. Darüber muss sich aber der Verkäufer kümmern. Für Sie ist nur wichtig, dass Sie die Kaution erhalten – schließlich möchte der Mieter diese bei Auszug auch von Ihnen zurückbekommen.

Wenn alle Formalitäten über die Bühne gegangen sind, stelle ich mich meistens nochmal persönlich bei meinem Mieter als neuer Eigentümer vor. Hierfür vereinbare ich einen Termin, ca. zwei bis drei Wochen im Voraus, bei dem ich mich kurz vorstelle, nochmal eine Runde durch die Wohnung drehe und mit dem Mieter kurz spreche, wie seine Pläne in Zukunft aussehen. Vielleicht plant der Mieter ja auszuziehen oder er hat Sorgen, die er Ihnen jetzt erst mitteilen möchte. Solche Termine dauern meistens nur 20 bis 30 Minuten, sind aber für das weitere Verhältnis zum Mieter sehr wertvoll.

Bei Wohnungen mir Leerstand

Wenn Sie sich eine leerstehende Wohnung gekauft haben, sollte Ihr Motto sein „Zeit ist Geld". Versuchen Sie, sie schnellstmöglich zu vermieten, damit Sie keine langen Mietausfälle haben. Hierbei ist es wichtig die Wohnung möglichst gut zu präsentieren um einen möglichst hohen Mietpreis zu erzielen und somit eine möglichst gute Rendite zu erhalten.

Prüfen sie vorab, ob Sie Renovierungen in der Wohnung vornehmen möchten. Oftmals hilft ein neuer Boden oder sie lackieren die Türen weiß. Mit Kleinigkeiten, die Sie selbst oder oftmals sehr kostengünstig erledigen können, erzielen Sie meist große Effekte.

Folgende Tipps zu kleineren Schönheitsreparaturen habe ich aus der Praxis:

Bodenbelag

Ein neuer Boden wirkt Wunder. Ist in ihrer Wohnung beispielsweise ein alter Teppich oder ein kaputtes Laminat verlegt, rate ich Ihnen, einen neuen Boden zu verlegen. Ich verwende in den meisten Fällen einen günstigen Design-Vinyl-Boden, der ähnlich wie ein Laminat verlegt und vollflächig verklebt wird. Dieser Boden ist nahezu unzerstörbar und kostet meistens 15 bis 20,00 € pro m². Wenn ich den Bodenbelag austausche, dann mache ich es meistens gleich „richtig". Das bedeutet: alter Boden raus, Estrich schleifen und nivellieren, neuen Boden verlegen.

Nachteil: Meistens eine etwas umfangreichere Arbeit mit höheren Kosten, die vor dem Kauf unbedingt kalkuliert sein sollten. Vorteil: sie haben die nächsten 20 Jahre Ruhe (wenn der Mieter nicht abseits der Norm „lebt").

Ein, für mich, echter Geheimtipp beim Bodenbelag sind Randleisten. Sie können eine Wohnung ungemein moderner und größer wirken lassen, wenn sie die alten Randleisten abbauen und neue, weiße (mind. 6 cm hohe) Randleisten ankleben. Das kann man meist selbst erledigen und das Material ist sehr günstig zu kaufen.

Badezimmer

Ein Badezimmer zu sanieren wird schnell teuer und dreckig. Prüfen Sie deshalb, ob Sie nicht mit Kleinigkeiten gute Ergebnisse erzielen können. Legen sie beispielsweise einen Design-Vinyl-Boden für Nassflächen auf die bestehenden Fließen und tauschen Sie das Waschbecken und die WC-Schüssel aus. Ein moderner, grauer Boden und ein eckige Waschbecken mit Unterschrank machen ein Bad sehr viel freundlicher und kosten meist nur sehr wenig. Bis auf den Boden können Sie den Rest eigentlich selbst erledigen. Ein weiterer toller Bonus mit großem Effekt ist ein Spiegelschrank mit Beleuchtung. Ein Beispiel aus meiner Praxis:

vorher

nachher

Am Beispiel dieses vorher/nachher Bildes eines WCs sieht man das Ergebnis einer „meiner Badsanierungen". Was ist passiert:

- Wandfliesen weiß lackiert
- Design-Vinyl-Boden (modernes grau) auf die alten Fliesen geklebt
- modernes, eckiges Waschbecken
- neues WC
- Abwasserrohre weiß lackiert
- moderne Armatur am Waschbecken
- Türblatt und Rahmen weiß lackiert, neue Drückergarnitur montiert
- Vorhang entfernt – Milchglasfolie auf halber Höhe verklebt

Wie Sie an den Bildern erkennen können, ist eine Sanierung nicht immer notwendig. Hier können ganz massiv Kosten gespart werden.

Und jetzt vermuten Sie mal, bei welchem Zustand Sie sowohl eine größere Auswahl an Mietern gehabt hätten? Und in welchem der beiden Beispiele Sie einen höheren Mietpreis rechtfertigen können?

Sonstige Kleinigkeiten

Lichtschalter und Steckdosen leiden im Laufe der Zeit unter Schmutz und vergilben oftmals. Tauschen sie diese durch frische, weiße Schalter aus dem Baumarkt aus.

Rollogurte sind meist grau und abgegriffen. Tauschen sie diese aus – ein Fachmann benötigt hierfür wenige Minuten und das Material ist meist günstig.

Türen: Drückergarnituren an den Türen sind oft abgegriffen und matt. Kaufen Sie im Baumarkt moderne Drückergarnituren und tauschen Sie diese aus. In diesem Zusammenhang ist es sinnvoll, zu prüfen, ob Sie die Türen lackieren sollten. In der Vergangenheit wurden viele Türen in Holzoptik ausgestattet – modern ist zurzeit aber eher eine weiße Türe. Eine weiß lackierte Türe kostet Sie nicht viel und wirkt modern.

Fensterfolien: Das gleiche wie bei Drückergarnituren. Oftmals abgegriffen oder beschädigt. Der Austausch ist schnell und günstig, wirkt aber gepflegt.

Sie sehen also, es lassen sich mit kostengünstigen Renovierungen teilweise optisch große Wirkungen erzielen. Ich selbst gehe immer von meinem persönlichen ästhetischen Empfinden aus. Wenn ich eine Renovierung oder gar eine Sanierung angehe, wähle ich Materialen und Farbkombinationen danach aus, mit denen ich mich selbst in meiner Wohnung wohlfühlen würde. Achten Sie dabei unbedingt auf den Preis, aber behalten Sie die Qualität der Ware, die Sie einkaufen, im Auge.

Vor einigen Jahren habe ich eine ca. 90 m² große Wohnung renoviert. Der Bodenbelag war ein älterer aber gepflegter vollflächig verklebter Teppich. Teppiche sind auch heute nicht mehr gerne gesehen. Schon allein aus hygienischen Gründen sollte man in Wohnungen (vor allem in Mietwohnungen) auf Teppiche verzichten. Ich hatte nur ein kleines Budget und wollte alles so kostengünstig wie möglich renovieren. Man muss dazu sagen, dass ich damals noch nicht die Erfahrung hatte, die ich heute habe (die Geschichte ist ca. 8 Jahre her). Ich ging also in einen Baumarkt und suchte mir einen Bodenbelag aus. Ein Laminatboden mit einem sehr schicken Eichendekor viel mir sofort ins Auge. Der m²-Preis betrug ungefähr 6,50 € und war absolut in meinem Budget – also schlug ich zu. Ich kaufte nahezu für die gesamte Wohnung diesen Boden ein und schleppte diesen in die Wohnung. Nach wenigen Tagen und einigen Schweißperlen auf der Stirn habe ich den Boden selbst verlegt. Das Klick-Laminat ließ sich leicht verlegen. Aus Kostengründen (damals habe ich mir das noch schöngeredet) und aus Gründen „des Trittschalls" habe ich das Laminat über den Teppichboden verlegt. Als weitere Maßnahmen habe ich die Randleisten montiert, die Zimmertüren lackiert und die Wände weiß gestrichen. Alles sah schick aus und die Mieter konnten nach kurzer Zeit einziehen.

Ich war glücklich und war mir sicher, mit meiner „do it yourself – low budget" Sanierung alles richtig gemacht zu haben!

Mein Glück hielt allerdings nur wenige Wochen. Nach geschätzten vier Wochen klingelte das Telefon. – Die Mieterin rief mich an um mir zu berichten, dass sowohl im Wohnzimmer als auch im Flur der Bodenbelag „wandert" und an manchen Stellen „aufsteht". „Aufstehen & wandern?" ... ich war überfordert und fuhr zur Wohnung. In der Wohnung angekommen war mir klar, dass all die Arbeit und auch das Geld umsonst waren.

Der Flur war relativ lang und das Laminat schwimmend verlegt. In der Mitte des Flurs bildete sich durch die Möbel und das auf-und-ab-Gehen der Mieter eine kleiner „Laminat-Berg" ... interessant, dachte ich mir und ging ins Wohnzimmer. Der billige Laminatboden mit „Klick System" sah verheerend aus. Überall waren die Klickverbindungen gebrochen und der Boden sank, ganz im Gegenteil zum Flur, in den Ecken der einzelnen Laminatbretter, ab.

Kurzum, der Boden war nach ca. sechs Wochen kaputt. Dabei kann man den Mietern keinen Vorwurf machen – der Gebrauch der Wohnung war in meinen Augen völlig in Ordnung. Die Ursache war die Kombination aus Teppichboden und billigem Bodenbelag. Wobei mir im Nachgang ein Profi gesagt hat, dass nahezu kein Laminatboden einen alten Teppich „unter sich" gut findet.

Gott sei Dank waren die Mieter recht geduldig und konnten mit dem Boden, so wie er ist, leben. Die Mieter sind nach ca. 18 Monaten wieder ausgezogen – ob es mit dem Zustand der Wohnung zusammenhing, habe ich nie erfahren. Mein Problem war, dass ich den Boden komplett tauschen musste und das nach nur kurzer Zeit. Beide Bodenbeläge (alter Teppich und billiges Laminat), mussten entsorgt werden, und ein neuer hochwertiger Design-Vinyl-Boden wurde verlegt.

Im Nachhinein habe ich die erste Renovierung fast umsonst gemacht und das Geld quasi zum Fenster hinausgeworfen. Hätte ich die Renovierung beim ersten Mal richtig gemacht, hätte ich mir ca. 30 % der Gesamtkosten sparen können und ein Mieterwechsel wäre mir vielleicht auch erspart geblieben.

Was ich Ihnen mit dieser, für mich leicht peinlichen Anekdote sagen möchte ist, prüfen Sie ganz genau welche Maßnahmen Sie bei Renovierungen ergreifen. Nehmen Sie sich lieber die teurere Variante und sparen Sie nicht am falschen Eck. Auf lange Sicht gesehen sparen Sie sich überhaupt nichts.

Zwischenzeitlich habe ich mehrere Wohnungen renoviert und saniert und kann Ihnen sagen, dass sich Qualität immer auszahlt. Der gesunde Mittelweg zwischen hochwertigen Materialien zu überteuerten Preisen und einem günstigen, unbrauchbaren Material ist zwar schwer zu finden, die Zeit, die Sie für die Suche investieren, zahlt sich aber mit Sicherheit aus.

Mein Tipp: Gerade bei Bodenbelägen sollten Sie sich an ein Fachgeschäft vor Ort wenden. Nahezu immer finden sie irgendwo Restposten, die für einen sehr guten Preis verkauft werden, da oftmals nur noch wenige m² verfügbar sind. Prüfen Sie, ob das Material ausreichend vorhanden ist und kaufen Sie qualitativ hochwertige Restposten bei Ihrem Fachhändler vor Ort. Verzichten Sie dagegen auf vermeintliche „Online Schnäppchen". Ich habe es mehrfach getestet, das beste Preis-/Leistungsverhältnis, gepaart mit einer guten und nachhaltigen Beratung gibt es bei Ihrem Spezialisten vor Ort.

Kapitel 9: Mieterauswahl, Mietverträge und Protokolle

Die Vermietung

Wenn Sie Ihre Wohnung dann in einem Zustand haben, in welchem Sie guten Gewissens und zu einem guten Mietpreis an den Markt gehen möchten, geht es darum, ein ansprechendes Exposé zu gestalten. Die meisten Privatleute nutzen hierfür die einschlägigen Immobilienportale wie Immobilienscout oder Immowelt.

Leider muss ich zugeben, dass die meisten Rückmeldungen immer noch über Immobilienscout kommen. Warum leider? Weil Immobilienscout mit Abstand die teuerste Plattform im Netz ist. Nichts desto trotz hilft es Ihnen natürlich nichts, wenn Sie bei einer billigen Plattform inserieren, dafür aber nur die Hälfte der Anfrage erhalten. Ich persönliche gehe hier im süddeutschen Raum bei den Vermietungen immer über Immowelt. Die Inserate sind vergleichsweise günstig und die Anfragen haben meist eine gute Quantität und Qualität.

Grundsätzlich funktioniert eine Vermietung in der heutigen Zeit auch über soziale Netzwerke ganz gut. Wenn sie z. B. einen Facebook-Account haben, suchen Sie mal nach „Immobilien + ihr Standort". Oftmals gibt es für die kleinsten Dörfer eine Facebook-Gruppe, welche sich für die Vermietung anbietet. Versuchen Sie hier so viele Inserate wie möglich zu schalten – schließlich ist es meist kostenneutral und bringt Ihnen vielleicht den einen oder anderen Bewerber.

Fertigen Sie ein schönes, umfangreiches Exposé an. Sammeln Sie alle wichtigen Informationen und tragen Sie diese zusammen. Schreiben Sie ansprechende Texte und beschreiben Sie Ihre Wohnung so gut wie möglich.

> **Tipp:** Lassen Sie von Ihrer Wohnung professionelle Bilder anfertigen, die Sie auf ihrem PC speichern. Diese sind in Zukunft mit Sicherheit wertvoll, da bei einer Neuvermietung oder einem Verkauf sie der Bank Bilder vorlegen können. Ein Wohnungsangebot, egal ob für Interessenten oder die Bank, wirkt immer besser, wenn Sie gute und professionelle Bilder haben und keine wackligen Handyfotos. Vielleicht haben Sie einen Bekannten, der eine gute Kamera besitzt und gerne fotografiert. Ansonsten rate ich Ihnen, einige Angebot einzuholen. Bei Fotografen schwanken Preis und Qualität massiv. Vor allem ist der Teuerste nicht immer der Beste. Lassen Sie sich also ein Angebot vorlegen und Referenzen zeigen, bevor Sie jemanden beauftragen.

Natürlich geht es auch ohne professionelle Fotos, ich sage Ihnen nur wie ich es mache. Weiter geht's mit dem Inserat:

Ich rate Ihnen davon ab, Ihre Telefonnummer zu hinterlegen. Je nachdem wo Sie vermieten, kann die Mietersuche durchaus aufreibend sein, denn Sie werden von Anfragen nahezu überrannt. Hier ist es gut, wenn man sich zuerst den Bewerbertext ansehen kann und dann entscheidet, ob man hier zurückruft oder eben nicht.

Picken Sie sich aus allen Bewerbern fünf bis sechs Kandidaten heraus, die für Sie infrage kommen. Fordern Sie bei diesen Kandidaten vor dem Besichtigungstermin eine SCHUFA-Auskunft an. Eine solche Auskunft können Sie im Internet ganz leicht finden. Oder Sie wenden sich an meine Firma. Wir senden

Ihnen ebenso gerne ein kostenfreies pdf zu. Sehen Sie sich die Selbstauskunft genau an und achten Sie auf Folgendes:

- Wie viele Personen möchten in die Wohnung einziehen?
- Seit wann besteht das Beschäftigungsverhältnis?
- Ist das Nettoeinkommen ausreichend hoch?
- Besitzt der Interessent Haustiere?

Suchen Sie sich dann aus den fünf bis sechs Selbstauskünften zwei bis drei Bewerber aus, die Sie zu einer Besichtigung einladen.

Anmerkung: Das beschriebene Vorgehen funktioniert natürlich nur, wenn Sie ausreichend Bewerber haben. Wenn Sie in einer Region vermieten, in der es nur zwei bis drei Anfragen gibt, müssen Sie selbstverständlich anders handeln und mit den Kandidaten vorliebnehmen, die sich bewerben. Ein weiterer Grund für zu wenig Bewerber könnte sein, dass Sie massiv vom Durchschnittsmietpreis abweichen oder sie eine Angabe gemacht haben, welche den Mietinteressenten abschreckt.

Machen sie auf jeden Fall Einzeltermine und lernen Sie die potentiellen Mieter im Rahmen der Besichtigung so gut wie möglich kennen. Interviewen Sie die Interessenten und verwickeln Sie diese in ein Gespräch. Ich plane mir hier pro Besichtigung mindestens 30 Minuten ein.

Wenn sie sich für einen Mieter entschieden haben, benötigen sie diese Unterlagen:

- Kopie des Ausweises
- Gehaltsnachweise der letzten drei Monate
- alternativ den Arbeitsvertrag (bei erst geschlossenen Arbeitsverhältnissen)
- Auskunft aus der Schufa (nicht älter als drei Monate)

Außerdem bei Studenten und Azubis, bzw. bei Bewerbern, die Ihnen zwischenmenschlich sehr gut gefallen, die finanziell aber eher unsicher sind:

- Bürgschaft
- Selbstauskunft vom Bürgen
- Gehaltsnachweise vom Bürgen
- alternativ wieder den Arbeitsvertrag

Grundsätzlich sollte Sie bei der Mieterauswahl auf eine gesunde Mischung aus finanzieller Sicherheit und einer guten zwischenmenschlichen Basis achten. Der finanziell stärkste Mieter nutzt Ihnen gar nichts, wenn er ständig etwas auszusetzten hat und Sie bei jeder Kleinigkeit mit Mietminderungen belästigt. Ebenso ist es andersherum. Der netteste Mieter nutzt nichts, wenn er die Miete nicht bezahlen kann.

Der Mietvertrag

Wenn Sie die Unterlagen vorliegen haben und diese geprüft haben können Sie einen Mietvertrag schließen. Ich rate Ihnen dringend zu einem offiziellen Mietvertrag. Meine Verträge sind alle über den Haus- & Grundbesitzerverein München oder Augsburg geschlossen. Hier können Sie sich sicher sein, dass Sie immer einen rechtlich aktuellen und einwandfreien Mietvertrag abschließen. Dieser kostet zwar ein paar Euro, ist es aber definitiv wert.

Natürlich entsprechen auch andere Mietverträge den rechtlich Vorgaben. Persönlich nutze ich aber ausschließlich die oben beschriebenen Verträge. Wenn Sie eine professionelle und rechtlich sichere Variante wählen, müssen Sie die Felder im Vertrag quasi nur noch mit ihren Daten füllen und können fast nichts mehr falsch machen.

Kaufen Sie also den Mietvertrag ihrer Wahl und füllen Sie diesen gewissenhaft aus. Adressen, Vermieter und Mieter, Adresse des Objekts sowie die Daten der Wohnung (Stockwerk, Zimmer, etc.), Bankverbindung, etc. Achten Sie dabei auch auf eine ausreichend hohe Kaution. Laut Gesetz dürfen sie drei Monatsmieten (Kaltmiete) verlangen. Diese würde ich vom

Mieter auch einfordern. Bei finanziellen Engpässen, und wirklich nur in Ausnahmefällen, kann der Mieter die Kaution auf zweimal bezahlen, grundsätzlich sind die drei Monatsmieten bei meinen Mietern aber Pflicht.

Drucken sie den Mietvertrag in zweifacher Ausfertigung aus. Möglich wäre es auch, den Vertrag binden zu lassen. Nach Fertigstellung unterschreibt erst der Mieter und dann zeichnen Sie gegen.

Die Miete

Achten Sie bei der aufgerufenen Miete auf die gesetzlichen Vorschriften. Gibt es in Ihrer Stadt einen Mietspiegel? Dann müssen Sie sich daran halten. Grundsätzlich ist dieser Schritt bereits vor dem Kauf einer leerstehenden Immobilie wichtig. Werden Sie sich darüber im Klaren, wieviel Miete Sie verlangen können und vor allem, was sie verlangen dürfen.

Was ist ein Mietspiegel?

Ein Mietspiegel bietet ihnen eine grobe Orientierung über die Höhe der üblicherweise gezahlten Miete. Dieser unterscheidet zwischen verschiedenen Wohnungstypen in der Art, der Größe, der Ausstattung und der Lage.
Ob es für ihren „Place to be" einen Mietspiegel gibt, erfahren Sie in ihrer Gemeinde- oder Stadtverwaltung.

Im Internet gibt es einige Seiten, auf denen man sich über den Mietspiegels erkundigen kann und wo man die durchschnittliche Miete pro Quadratmeter in genau der Lage, in der sich Ihre Immobilie befindet, prüfen kann.

Was ist die Mietpreisbremse?

Mit der Mietpreisbremse wird die Miete in bestimmten Gebieten reguliert. München ist zu einem solchen Gebiet erklärt worden. Die Miete bei Neuvermietungen darf von dem Vermieter nur soweit angehoben werden, dass diese die sogenannte „ortsübliche Vergleichsmiete", z. B. nach aktuellem Mietspiegel, um mehr 10 % übersteigt. Allerdings sind hiervon umfassend sanierte Wohnungen, die danach zum ersten Mal vermietet werden, ausgenommen. Ebenso muss die Miete nicht nach unten angepasst werden, wenn der Vermieter vom Vormieter die gleiche Miete erzielen konnte.

> Ein guter **Tipp** aus der Praxis, wenn sie sich z. B. für Apartments oder kleinere Wohnungen interessieren ist, die Wohnung zu möblieren. Natürlich kommt es hier darauf an, ob in Ihrer Stadt eine Nachfrage nach möbliertem Wohnraum besteht. Grundsätzlich, wenn Nachfrage besteht, hat die Vermietung einer möblierten Wohnung einen Mehrwert, den man zu mindestens kennen muss.

Ich habe lange überlegt ob ich an dieser Stelle auf das Thema „Mietpreis und wie ich den richtigen Mietpreis finde und berechne" eingehen soll. Letztlich bin ich zu der Entscheidung gekommen, nicht weiter auf das Thema einzugehen. Grund hierfür ist, dass es hier einfach zu viele Gesetze und Voraussetzungen zu berücksichtigen gilt – und die Gesetze sich schnell ändern. Ebenso gibt es große regionale Abweichungen, die ich hier nicht berücksichtigen kann.

Ich kann ihnen nur den Tipp geben sich selbst und umfangreich über das Thema Kaltmiete zu informieren. Hierbei gibt es zwei Themen zu hinterfragen:

1. Was gibt der Markt her, wie hoch sind die „ortsüblichen Vergleichsmieten"? Es hilft Ihnen nichts, wenn sie laut Gesetzt 10 €/m^2 verlangen dürfen, Wohnungen am Markt aber für 6 bis 7 € vermietet werden. Achten Sie also genau darauf, was die „Konkurrenz" anbietet. Umfangreiche Recherchen kann man z. B. auf den einschlägigen Immobilienportalen betreiben oder auf verschiedenen Plattformen

die eine Art „Preisatlas" anbieten. Bemühen Sie in diesem Zusammenhang google.de und recherchieren Sie so gut, wie möglich um den passenden Mietpreis zu finden.

2. Was gibt Ihnen der Gesetzgeber vor? Gibt es einen Mietspiegel in ihrer Region und was sagt dieser aus? Haben Sie eine Mietpreisbremse zu berücksichtigen?

   Ein kleiner Trick, den sie in diesem Zusammenhang anwenden könnten: Rufen Sie den besten Makler in der Gegend an und geben Sie vor, Ihre Wohnung über ihn vermieten zu lassen. Das ist mit Sicherheit nicht die „feine englische Art", dennoch ist es ein Weg herausfinden, wie ein Profi die Situation einschätzt. Und wer weiß, wenn Sie sich sympathisch sind und die Konditionen passen, können Sie den Makler ja tatsächlich beauftragen.

Sie sehen also, der Spruch „Eigentum verpflichtet" trifft hier voll zu. Das Thema Mietpreis kann quasi nur von Ihnen selbst und durch Recherche gelöst werden.

Die Wohnungsübergabe

Die Wohnungsübergabe sowie das Übergabeprotokoll sind ein recht trockener Teil in diesem Buch. In der Praxis dürfen Sie diesen Teil aber nicht vernachlässigen. Werden hier Fehler gemacht, kann das unter Umständen teuer für sie werden.

Achten sie darauf, dass der Mieter vor Wohnungsübergabe die Kaution und im besten Fall die erste Miete überwiesen hat. Lassen Sie sich hier auf nichts mehr ein, was nicht vorab besprochen wurde. Ich vermiete nach der einfachen aber nachhaltigen Regel: Ohne Kaution gibt es keinen Schlüssel (Ausnahmen bestätigen die Regel. Laut Gesetz darf der Mieter eine Barkaution auf dreimal bezahlen. Ich persönlich nehme eine Kaution maximal auf zwei Raten an.)

Bei den meisten professionellen Mietverträgen ist ein Übergabeprotokoll dabei. Füllen sie dieses in jedem Fall aus und nehmen es zur Wohnungsübergabe mit. Dieses Dokument ist für Sie als Vermieter immens wichtig, wenn es beim Auszug zu Schäden kommt und es darum geht, wer für diese Schäden aufkommen muss.

Tragen sie folgende Daten in das Übergabeprotokoll ein:
- Name beider anwesenden Parteien
- Adresse des Mietobjekts
- Datum
- ggf. Namen und Unterschrift des Zeugen

Gehen Sie im Anschluss Raum für Raum mit dem Mieter durch und nehmen Sie die Schäden oder Mängel auf. Natürlich sollten Sie als Vermieter bei Wohnungsübergaben weniger genau hinsehen als bei Wohnungsrücknahmen. Notieren Sie bei der Übergabe alles, was dem Mieter auffällt und halten Sie sich vornehm zurück.

Tragen Sie gefundene Mängel im Protokoll ein und fragen Sie, ob der Mieter diese nur notiert oder ob er die Mängel behoben haben möchte. In den meisten Fällen einige ich mich mit den Mietern darauf, dass wir diese „nur" im Protokoll festhalten und bei der Rückgabe der Wohnung nicht zu seinem Nachteil verwenden.

Ebenso wichtig ist die Anzahl der Schlüssel. Notieren Sie sich jeden Schlüssel, den Sie dem Mieter übergeben, wenn vorhanden auch mit Schlüsselnummer. Die Anzahl der Schlüssel ist deshalb wichtig, da Sie bei Verlust die Kosten für neue Schlüssel oder gar eine neue Schließanlage auf den Mieter umlegen können.

Des Weiteren sollten Sie alle Zählerstände ablesen:
- Heizung: bei modernen Wohnungen mit Fußbodenheizungen haben sie eine „Zähleruhr" im Verteilerkasten. Bei älteren Wohnungen hängen die Zähler meist an den Heizkörpern.

- Wasser: Achten sie darauf, dass sie alle Wasserzähler finden. Es gibt immer einen Kaltwasser- und einen Warmwasserzähler. Ab und an findet man einen weiteren Kaltwasserzähler oder es versteckt sich noch ein Wasserzähler hinter der Waschmaschine. Nehmen Sie alle Wasseruhren mit Zählerstand und Zählernummer auf.
- Strom: Meistens befindet sich der Stromzähler im Keller in einem verschlossenen Raum. Den Schlüssel hierzu haben meist der Hausmeister oder die Hausverwaltung. Kümmern Sie sich also darum, den Termin frühzeitig anzukündigen und bitten Sie den Hausmeister um den Zählerstand. Achten Sie immer darauf, dass Sie sowohl den Zählerstand, als auch die Zählernummer ablesen.

Wenn Sie alles soweit ausgefüllt haben, lassen Sie den Mieter das Protokoll unterschreiben und zeichnen Sie es gegen. Händigen Sie dem Mieter eine Ausfertigung aus.

Tipp: Geben Sie auch der Hausverwaltung Bescheid, dass Sie einen neuen Mieter haben. Diese benötigt, für den Notfall, die Kontaktdaten des Mieters und kümmert sich oftmals um die Namensschilder am Briefkasten und an der Klingel.

Ebenso muss der Mieter sich beim Stromanbieter seiner Wahl anmelden. Weisen Sie den Mieter darauf hin und lassen Sie sich die Bestätigung zusenden, wenn die Anmeldung erledigt ist. Ich habe in meinem Leben bisher unzählige Wohnungsübergaben erlebt – ich kann Ihnen verraten, jeder zweite Mieter „vergisst" die Anmeldung, sobald er feststellt, dass das Licht am Abend trotzdem angeht.

Die Wohnungsabnahme

Ich habe zum Ende des Jahres 2017 ein sehr schön saniertes Apartment in München vermietet. Der Eigentümer ist ein Kunde von mir, der in einer sehr guten Lage ein Apartment erworben, dieses saniert und eine schöne Küche eingebaut hatte. Alles ist wirklich vom Feinsten, die Küche in modernem Weiß, das Badezimmer mit abgehängter Decke und Deckenbeleuchtung, der Boden ein wunderschöner Echtholzparkett, offenporig, Eiche ...

Es dauerte nicht lang und ich hatte eine vermeintlich nette Mieterin für das Apartment gefunden. Die Dame war bei der Besichtigung sehr begeistert und hat sich sofort für das Apartment entschieden. Sie zog ein und ich hörte nicht mehr viel von ihr. Neun Monate später kam überraschend die Kündigung. Gegen eine Kündigung ist im ersten Moment nichts einzuwenden. Trotzdem ist es schade, dass man nach einem „Erstbezug nach Sanierung" gleich im ersten Jahr einen Mieterwechsel hat ... schließlich wird das Apartment nicht besser, je öfter ein Mieterwechsel stattfindet. Als ich mit meiner Mitarbeiterin zur Wohnungsabnahme gefahren bin und nach 9 Monaten das erste Mal die Wohnung betreten hatte, war der schöne Boden leider nicht mehr so schön wie bei der Übergabe. Eine gräuliche „Laufspur" zog sich von der Wohnungstür bis ins Wohnzimmer. Das passiert, wenn man mit Straßenschuhen dauerhaft über einen Parkettboden läuft. Ebenso hatte der Boden einige Sturzschäden im gesamten Wohnbereich. Im ersten Moment ist man natürlich fassungslos – wie kann man denn eine Wohnung in kürzester Zeit so herunterwohnen.

Also ich die Mieterin auf den kaputten Boden ansprach, leugnete diese alles und behauptete, sie würde keine Schäden sehen und auch eine graue Spur würde ihr nicht auffallen. Innerlich möchte man natürlich „Mäuse melken", weil man sich wirklich nur wundert, wie dreist manche Leute sind. Die Dame war ja nicht irgendwer – sie war Ende dreißig und hatte einen gut bezahlten Job in einem namhaften Unternehmen in München. Man könnte also davon ausgehen, man unterhält sich auf „Augenhöhe".

Sollten Sie je in eine ähnliche Situation kommen, kann ich Ihnen nur raten, die Ruhe zu bewahren. Wenn Sie vorher Ihre Hausaufgaben optimal erledigt haben – und damit meine ich eine Kaution in ordentlicher Höhe sowie ein penibel ausgefülltes Übergabeprotokoll – ist die Situation für Sie grundsätzlich entspannter.

Füllen Sie Ihr Protokoll mit allen Punkten, die ihnen negativ auffallen, aus und lassen Sie sich hierbei nicht aus der Ruhe bringen.

Ein guter **Tipp**: Nehmen Sie das bei Einzug ausgefüllte Übergabeprotokoll immer mit zur Abnahme, dann können Sie den Zustand bei Einzug vergleichen. Wenn Sie alles aufgeschrieben haben, lassen Sie den Mieter unterschreiben.

Kapitel 10: Immobilie im Eigentum – was Sie beachten sollten

Wow, Kapitel 10 ... Sie sind schon ganz schön weit. Lassen sie uns die Kapitel einmal Revue passieren:

Sie hatten wahrscheinlich keine bis nur wenig Ahnung wie Sie Immobilien einkaufen ...

Sie haben sich mit ihrem Markt beschäftigt ...

... und eine Immobilie gesucht.

Sie haben natürlich auch eine Immobilie gefunden und ...

... Sie haben verhandelt und haben beim Notar einen Kaufvertrag unterzeichnet. Sie haben eine Immobilie gekauft!

Durchatmen, ich kann es nur immer wieder sagen – genießen Sie die Immobilie auch mal. Eigentum zu erwerben ist etwas Tolles, etwas, was nicht jeder in seinem Leben erleben darf. Sie schon, denn Sie haben sich die Zeit genommen und haben sich aktiv eingearbeitet. Großartig, der erste Schritt in eine richtige und wichtige Richtung ist gegangen.

Ihr Mieter ist also eingezogen und bezahlt brav, Monat für Monat seine Miete. Bezahlt er wirklich „nur" seine Miete? Nein, betrachten Sie das Ganze aus einem anderen Blickwinkel:

Ihr Mieter bezahlt Ihre Schulden bei der Bank. Ich habe es in diesem Buch schon einmal erwähnt: Der Mieter tilgt jeden Monat einen Großteil Ihrer Schulden. Das bedeutet, Sie werden Monat für Monat „reicher" und bauen Monat für Monat mehr Vermögen auf. Wenn Sie richtig gerechnet haben und eine gute Immobilie gekauft haben, dann haben Sie entweder überhaupt nichts oder monatlich nur einen kleinen Betrag „on top" zu bezahlen. Der Rest erledigt sich quasi von selbst.

Ich persönlich würde Ihnen raten, eine zweite Wohnung zu kaufen, lieber früher als später!

Aber eins nach dem anderen. Sie sind jetzt nämlich Eigentümer und Vermieter und haben in dieser Funktion einige Pflichten, welche entweder Sie erfüllen müssen oder die Sie weiter delegieren können.

Sondereigentumsverwaltung – sinnvoll?

Ich persönlich verwalte alle meine Immobilien selbst. Ob ich einem branchenfremden Kapitalanleger dazu raten würde, weiß ich nicht. Die Gesetze ändern sich ständig und man muss einige, meist unliebsame Arbeiten erledigen, welche sich für kleines Geld an einen Profi abgeben lassen.

Dementsprechend möchte ich im ersten Schritt auf die Sondereigentumsverwaltung eingehen. Hierbei muss man wieder unterscheiden zwischen einer WEG-Verwaltung (diese kümmert sich um das Gemeinschaftseigentum, sprich alles was der Eigentümergemeinschaft gehört wie Hausflure, Fassaden, Dächer, etc.) und der SEV-Sondereigentumsverwaltung (quasi dem Eigentum, welches hinter der Haustüre beginnt und um die sich die WEG-Verwaltung nicht kümmert).

Ein Sondereigentumsverwalter ist quasi der Wellenbrecher zwischen Ihnen und Ihrem Mieter. Er kümmert sich um alles, was in Zusammenhang mit einem Mietverhältnis anfällt – vom kaputten Wasserhahn bis hin zur jährlichen Nebenkostenabrechnung. Nachfolgend das Leistungsverzeichnis meiner Firma bezüglich der Verwaltung von Sondereigentum:

- Kündigen von Mietverträgen
- Übersendung der Kündigungsbestätigung an den Mieter
- Abgabe und Durchsetzung von Mieterhöhungsverlangen
- außergerichtliches Mahnverfahren
- Ansprechpartner für den Mieter
- Erledigen von notwendigen Reparaturen, Verbesserungsmaßnahmen ihres Sondereigentums in Absprache mit Ihnen
- Nebenkostenabrechnung für den Mieter
- Aufbereiten der Unterlagen für den Steuerberater
- auf besonderen Wunsch und gegen Aufpreis: bevollmächtigte Vertretung in der Eigentümerversammlung

Achten Sie bei der Wahl des Verwalters auf jeden Fall auf das Leistungsverzeichnis. Es gibt Verwalter in Deutschland, die Ihnen nur die Nebenkostenabrechnung abnehmen. Generell sollte das Leistungsverzeichnis ähnlich umfangreich sein wie die Punkte, die oben stehen.

Manche Verwalter bieten auch die Verwaltung der Mieteingänge mit an. Hiervon bin ich allerdings nicht begeistert. Ich denke jeder Eigentümer, so auch Sie, sollte selbst jeden Monat auf das Konto schauen und die Mieteingänge überprüfen. Zum einen ist das ein sehr wichtiger Punkt, der pünktliche Eingang des Geldes, zum anderen ist es ein sehr schönes Gefühl, wenn man die monatlichen Mieteinnahmen überprüfen kann.

Wenn die Miete nicht oder etwas zu spät kommt, können Sie es dem Verwalter mitteilen. Dieser schreibt dann den Mieter an.

Eine gute Sondereigentumsverwaltung sollte je nach Lage in Deutschland zwischen 15,00 € und 40,00 € (netto) im Monat kosten. Natürlich ist eine Verwaltung in München teurer als eine Verwaltung in Halle. Das liegt schon allein daran, dass die Löhne je nach Region unterschiedlich hoch sind, ebenso die Büromieten. Dafür sind aber auch die Mieteinnahmen in München höher als in Halle.

Ebenso können sie die Vermietung einem Makler übergeben. Hier gilt es aber, die Kosten genau zu prüfen. Wenn der Makler z. B. eine Monatsmiete plus Steuer für die Vermietung verlangt, haben Sie einen Monat weniger Rendite. Auf das Jahr gerechnet ist es dann „zu viel". Kümmern Sie sich am besten selbst um die Vermietung. Dann wissen Sie genau, wer in ihre Wohnung zieht und können die Auswahl selbst treffen. Eine Vermietung ist zwar zumeist etwas zeitaufwendig, lohnt sich aber in meinen Augen angesichts der Kosten, die man spart.

Machen Sie die Entscheidung, ob Sie extern verwalten lassen möchten oder die Verwaltung selbst übernehmen, von Ihrem Alltag abhängig. Haben Sie einen stressigen Berufsalltag und kaum Zeit für die Familie, dann rate ich Ihnen, die Verwaltung einem Profi zu übergeben. Eine Immobilie soll Freude machen!

Wenn Sie allerdings etwas Zeit übrig haben und sich gerne selbst um Ihr Eigentum kümmern, ist die Verwaltung einer Immobilie eine interessante Sache. Vor allem, wenn Sie lernen möchten, wie Immobilien „funktionieren".

Bei einem tropfenden Wasserhahn müssen Sie selbst einen Handwerker suchen, der diesen repariert. Wenn der Mieter die Miete nicht rechtzeitig bezahlt, müssen Sie im Internet oder über einen Anwalt über Ihre Möglichkeiten informieren. Damit möchte ich Ihnen sagen: Bauen sich ganz selbstständig Wissen, als auch ein kleines Netzwerk auf. Falls wieder etwas kaputt ist, wissen Sie bereits, wen Sie anrufen müssen. Wenn der Mieter unpünktlich bezahlt, haben Sie das Dokument bereits auf Ihrem PC und müssen es nur noch anpassen und ausdrucken. Das geht dann Stück für Stück so weiter, bis Sie einen großen Wissensvorspruch haben, der Ihnen in Zukunft bei möglichen weiteren Immobilieninvestitionen helfen wird.

Selbst machen – die Sondereigentums- verwaltung

Sie haben sich also dazu entschieden, die Wohnung selbst zu verwalten? Grundsätzlich gibt es hier wirklich viele Dinge, die Sie beachten müssen. Vor allem ist der Job des Verwalters, egal wer ihn ausübt, ein sehr reaktiver Job. Das bedeutet, Sie müssen auf verschiedene Situation reagieren. Hier könnte ich in diesem Buch mehrere Situationen aufzählen, die Ihnen passieren können. Das würde den Rahmen allerdings sprengen.

Deswegen möchte ich „nur" auf die Nebenkostenabrechnung eingehen, die Sie einmal im Jahr für Ihren Mieter und für Ihren Steuerberater anfertigen müssen:

Eine Nebenkostenabrechnung ist generell recht leicht zu erstellt. Sie nehmen die umlegbaren Nebenkosten, und ziehen die Nebenkostenvorauszahlung, die Sie im Mietvertrag vereinbart haben, ab.

Umlagefähige Nebenkosten sind folgende Positionen:
- laufende öffentliche Lasten
- Wasserversorgung
- Entwässerung
- Betrieb der zentralen Heizungsanlage und Abgasanlage
- Betrieb der zentralen Warmwasserversorgungsanlage
- verbundene Heizungs- und Warmwasserversorgungsanlagen
- Betrieb eines Personenaufzugs
- Müllabfuhr und Straßenreinigung
- Reinigung des Gebäudes und Ungezieferbeseitigung
- Gartenpflege

- Beleuchtung
- Schornsteinreinigung
- Versicherung
- Hausmeister
- Gemeinschaftsantenne und Kabelfernsehen
- Wäschepflegeraum
- Grundsteuer
- Sonstige Betriebskosten

Nicht umlagefähige Nebenkosten sind folgende Positionen:
- Reparaturkosten
- Instandhaltungskosten
- Verwaltungskosten
- Betriebskostenanteile für leerstehende Wohnungen
- Bank- und Kontoführungsgebühren
- Neuanlage eines Gartens
- Wachdienste und Sicherheitsdienste
- Dachrinnenreinigung
- Anteile für gewerbliche Wohnungen

Meistens hat der WEG-Verwalter die Jahresabrechnung bereits nach „umlagefähig" und „nicht umlagefähig" aufgeteilt, sodass Sie die einzelnen Positionen nur noch übernehmen müssen. Falls das nicht der Fall ist, müssen Sie die obenstehenden Positionen aus der Gesamtabrechnung zusammenführen und zusammenrechnen.

Rechnen Sie also die umlagefähigen Nebenkosten zusammen und erhalten Sie so den Jahreswert. Danach rechnen Sie die monatliche Betriebskostenvorauszahlung auf den Mietzeitraum hoch.

Beispiel:
Der Einfachheit halber gehen wir davon aus, dass die umlagefähigen Nebenkosten 1.200 € betragen und die monatliche Vorauszahlung 90 € beträgt (der Mieter hat ein volles Jahr in der Wohnung gelebt):

Umlagefähige Nebenkosten:	1.200,00 €
Vorauszahlung (90,00 € × 12 Monate):	1.080,00 €
Nachzahlung:	120,00 €

In diesem oben dargestellten Fall müssten Sie nun die Abrechnung Ihrem Mieter schicken und ihn auf die Nachzahlung in Höhe von 120,00 € hinweisen. Ich persönlich würde sogar noch einen Schritt weiter gehen und die monatlichen Nebenkosten um 10 € nach oben hin anpassen.

Warum ist eine Anpassung sinnvoll? Weil Sie dann im nächsten Jahr keine Nachzahlung mehr haben (vorausgesetzt natürlich, der Verbrauch bleibt konstant). Gefühlt ist es mir lieber, wenn der Mieter etwas zurückbekommt, als das ich mir vom Mieter etwas holen muss. Ich rate Ihnen also dazu, wenn das Ergebnis eine Nachzahlung über 50 € ist, immer den Betrag der Nachzahlung durch 12 (oder die Anzahl der Monate, in denen das Mietverhältnis bestand) zu teilen und die monatlichen Betriebskosten zu erhöhen.

Nachfolgend ein Auszug aus meiner Nebenkostenabrechnung (in diesem speziellen Fall ist der Mieter erst im September eingezogen):

Nebenkostenabrechnung xxxx

Abrechnungszeitraum 01.09. – 31.12.2017
Musterstraße 12, 81373 Musterstadt, Whg. xyz123

Sehr geehrte Frau Mustermann, sehr geehrter Herr Mustermann,

wie im Mietvertrag geregelt, darf ich ihnen anbei die Nebenkosten-abrechnung für das Wirtschaftsjahr 20xx übersenden:

Ausgaben (umlagefähig), gesamt	1.642,28 €
Ausgeben (umlagefähig), ihr Anteil	547,42 €
Grundsteuer, ihr Anteil	71,31 €
Ausgaben gesamt	618,73 €
ihre Vorauszahlung (210,00 € / 4 Monate)	840,00 €
ihr Guthaben	221,27 €

(im Falle eines Guthabens) Bitte teilen sie mir Ihre Kontodaten mit, damit das Guthaben auf Ihr Konto überweisen werden kann.

(im Falle einer Nachzahlung) Ich bitte sie die oben genannte Nachzahlung binnen der nächsten 14 Tage auf das gewohnte Mietkonto zu überweisen. Um einer Nachzahlung im nächsten Jahr vorzubeugen schlage ich eine Erhöhung der Nebenkosten, um den Betrag der Nachzahlung, vor. Bitte geben sie mir Bescheid, ob Sie mit dieser Erhöhung einverstanden sind. Bleibt die Rückmeldung bis zum xx.xx.xxxx aus, gehe ich von Ihrer Zustimmung aus und erwarte die angepasste Vorauszahlung ab dem xx.xx.xxxx.

Bei Rückfragen stehe ich gerne via E-Mail unter info@etk.de oder telefonisch im Büro unter 089/23 766 880 zur Verfügung.

Herzliche Grüße
Vermieter

Erstellen sie sich für die Nebenkostenabrechnung ein Word-oder Excel-Dokument, ähnlich wie die obenstehende Vorlage. In diese müssen Sie die Werte der Abrechnung nur noch eintragen und auf das Objekt anpassen. Im Folgejahr greifen Sie auf die Vorlage zurück und haben die Nebenkostenabrechnung schnell erledigt.

Kopieren Sie den Grundsteuerbescheid und die Heizkostenabrechnung des Dienstleisters. Diese kommt mit der Jahresabrechnung von der WEG-Verwaltung. Eine Kopie lege ich bei, damit der Mieter die Abrechnung prüfen kann. Grundsätzlich hat er ein Anrecht auf Akteneinsicht. Das bedeutet, er darf den ihn betreffenden Teil der Abrechnung einsehen, um seine Abrechnung zu überprüfen. Die Erfahrung zeigt, dass dies aber die wenigsten Mieter tun, wenn Sie eine schlüssige und ordentliche Abrechnung übersenden.

Ebenso beinhaltet die Sondereigentumsverwaltung (kurz SEV) die Instandhaltung der Wohnung. Sollte also ein Wasserhahn tropfen oder der Laminatboden aus den Fugen brechen, dann sind meist Sie als Eigentümer verantwortlich. Aber Vorsicht, auch hier gibt es Dinge zu beachten:

Kleine Reparaturen unter 100 € netto sollte der Mieter selbst beauftragen und bezahlen. Voraussetzung ist allerdings eine wirksame „Kleinreparaturenklausel" im Mietvertrag. Die von mir empfohlenen Mietverträge der Haus- und Grundbesitzervereine haben diese Klausel im Vertrag geregelt. Diese wiederrum ist gedeckelt mit einem Höchstbetrag von 6 % der Jahresnettokaltmiete. Wenn der Mieter also mehrere Male in einem Jahr die 100 € übernommen hat, und sich beschweren sollte, ist Vorsicht geboten:

400 € Kaltmiete × 12 Monate = 4800 € Jahreskaltmiete

6 % von 4800 € = 288 €

Das bedeutet für Sie als Vermieter, dass ihr Mieter maximal zweimal die Kleinreparatur übernehmen muss. Bei der dritten Reparatur zahlt der Mieter dann nur noch die 88 €. Den Rest und weitere Reparaturen übernehmen dann Sie. Achten Sie also darauf, dass ihr Mietvertrag diese Klausel beinhaltet, ansonsten bleiben Sie unter Umständen auf den Kosten sitzen.

In der Regel hören Sie nicht viel von ihren Mietern, wenn Sie eine saubere Wohnung in gutem Zustand vermieten. Ich rate meinen Kunden immer wieder, wenn man zu hohen Preisen vermieten möchte, muss das „Produkt", also die angebotene Wohnung passen. Oder anders gesagt, wenn Sie einen 5-Sterne-Hotel-Preise bezahlen, möchten Sie nicht in einer Jugendherberge übernachten. Der Mieter wird sich bei hochpreisigen Immobilien immer öfter beschweren als bei günstigen Angeboten. Haben Sie also eine günstige Wohnung in schlechtem Zustand erworben und möchten nichts investieren, passen Sie die Miete entsprechend nach unten an. Haben Sie eine Wohnung teuer saniert, können Sie die Miete dementsprechend anpassen. Achten Sie also auf das Preis-Leistungsverhältnis.

Warum sage ich Ihnen das in Verbindung mit der Verwaltung der Wohnung?
Es gibt nichts anstrengenderes, als einen Mieter, der alle 14 Tage mit einem neuen Problem zu Ihnen kommt. Die Zeit und die Nerven, die Sie in einen solchen Mieter investieren, entsprechen meistens nicht dem, was Sie an Miete mehr verlangen können. Sie müssen jedes Mal den Anspruch prüfen, Handwerker kontaktieren, Angebote prüfen, selbst hinfahren und nachsehen, ob alles in Ordnung ist, usw. Viele Arbeiten, die Sie sich mit Sicherheit gerne sparen möchten.

Kann man hier dem Mieter einen Vorwurf machen? Nein, kann man nicht. Denken Sie an das Beispiel des Hotels. Wenn ein Mieter bereit ist, eine hohe Miete zu bezahlen, dann erwartet er eine entsprechend hochwertige Immobilie. Bezahlt er nur einen geringen Mietpreis, ist der Mieter froh über die Kostenersparnis und wird sich entsprechend weniger oft beschweren. Einen Schritt weiter kann man gehen, wenn man eine Wohnung in durchschnittlichem, aber ordentlichem Zustand anbietet, dass man die eventuellen Probleme offen mit dem Mieter kommuniziert und ihn darauf hinweist, dass die Miete günstiger ist, da er sich selbst um anfallende Reparaturen kümmern sollte. Für Ihren Vermieter- und Verwalteralltag ist diese Verhaltensweise Gold wert.

Bleiben Sie bei der Vermietung fair, achten Sie dennoch aber auf Ihren Geldbeutel und finden Sie einen gesunden Mittelweg. Das wird Ihnen bei der Pflege und Verwaltung der Immobilie eine Menge Geld, Zeit und Nerven sparen.

Kapitel 11:
Für die Zweifler

Risiko Immobilien?

Bei einigen von Ihnen wird immer noch eine Restunsicherheit da sein, da man immer wieder in den Medien oder im eigenen Umfeld hört, wie gefährlich die Lage ist und dass man sich aus einem Markt, der derart am Wachsen ist, zwingend zurückhalten sollte.

Ich bin mir allerdings sicher, Ihr zukünftiges „ich" wird Ihnen die Entscheidung mit Sicherheit danken. Ich verrate ihnen auch, warum ich das glaube:

Seit über zehn Jahren bin ich als Immobilienmakler für Immobilieneigentümer mit dem Verkauf, Eigentumserwerb und/oder Vermietung für meine Kunden tätig. In dieser Zeit bekam jeder Kunde diese Frage von mir gestellt:

„Damals, als Sie die Wohnung/das Haus gekauft haben, waren Sie da auch der Meinung, die Immobilie ist viel zu teuer und Sie können sich das gerade so leisten?"

Ich stelle diese Frage immer und jedem Kunden. Diese Frage ist so unfassbar spannend. Die Geschichte, wie sich Mensch vor zig Jahren, oder erst vor kurzem für einen Immobilienkauf entschieden haben und welche Ängste und Sorgen sie hatten. Erstmalig habe ich diese Frage vor mehreren Jahren meinen Großeltern gestellt. Ich wollte wissen, was die Wohnung einmal gekostet hatte und wie der Zins war. Meine Oma brachte mir ein Exposé und eine alte Preisliste der Wohnung. Wie anfangs im Buch erwähnt, weiß ich nicht, wie teuer die Wohnung war, aber meine Oma erzählte mir, dass der Schritt zum Eigentum ein großes Risiko war, da die Zinsen damals bei über 10% standen. Auch die damaligen Kaufpreise fühlten sich nicht als Schnäppchen an.

Und nun überlegen Sie: Würde Ihnen heute jemand einen Zins von 10% anbieten, würden Sie zusagen? Ich glaube nicht.

Zurück zu meinen Kunden, die diese Frage ebenfalls gestellt bekommen. Auch hier ist die Antwort immer dieselbe, egal wie lang der Immobilienkauf her ist:

„Ja, auch damals haben die Nachbarn zu mir gesagt, das Haus ist zu teuer. Meine Freunde haben mir aufgrund der monatlichen Belastung und der hohen Zinsen deutlich abgeraten diese Immobilie zu erwerben. Im Nachhinein bin ich sehr froh, es doch gemacht zu haben!"

Ich habe gemerkt, dass in den letzten 20 Jahren immer und in jeder wirtschaftlichen und persönlichen Phase ein gefühltes Risiko beim Immobilienkauf eine Rolle spielte. Man war sich immer unsicher, ob das Objekt nicht zu teuer ist, ob der Zins aktuell nicht zu hoch ist und ob man sich die monatliche Rate leisten konnte. Es gab immer wieder Gründe, eine Immobilie nicht zu erwerben und Anekdoten von Mietern mit schlechter Zahlungsmoral oder den Vorfall einer vermüllt hinterlassenen Wohnung.

Die häufigste Antwort von allen ist allerdings, dass sie froh sind, den Schritt gewagt zu haben. Zweifler denken jetzt: klar, die Damen und Herren haben auch in einer Zeit gekauft, die für Immobilieneinkäufer der absolute Luxus war und dadurch jetzt massive Preissteigerungen erlebt wurden. Folglich sind diese glücklich mit ihrer Entscheidung. Und auch hier kann ich entgegnen: Niemand wusste, wie es weiterging. Niemand wusste, wie sich die Preise und die Mieten entwickeln würden.

Hierzu eine kurze Geschichte aus meinem Privatleben: Es gibt in Augsburg ein Gebäude – der Hotelturm, oder Maiskolben wie manche sagen. Dieses Gebäude liebe ich, weil es ein über 30-Stöckiges, rundes Wohngebäude ist, das mitten in der Augsburger Innenstadt steht.

Hotelturm, Augsburg

Ich war schon kurz nach meiner Ausbildung von diesem Gebäude begeistert, weil einige meiner Freunde darin wohnten. Es gibt, irgendwo in den höheren Etagen, einen Immobilienmakler, der bekannt dafür war, viele Wohnungen im Hotelturm zu verkaufen. Ich denke es war 2007, als ich einen Termin mit dieser Firma vereinbarte und mich für den Kauf eines Apartments interessiert habe. Bereitwillig zeigte mir die Dame drei bis vier aktuell zum Verkauf stehende Apartments, teilweise sogar möbliert. Die Apartments sind meist 34 m² groß und hatten damals einen Kaufpreis zwischen 70.000 € und 80.000 € (je nach dem in welchem Geschoss es lag). Ich habe mich damals, neben der Tatsache, dass ich mir wahrscheinlich kein Apartment hätte leisten können, gegen einen Kauf entschieden, da ich der Meinung war, dass die Kaufpreise viel zu hoch waren. Im Vergleich zu anderen Immobilien in Augsburg, sind die Immobilien im Hotelturm allerdings aufgrund ihrer guten Möglichkeit, sie zu vermieten, höher.

Das Gebäude hat mich allerdings nie so wirklich losgelassen und ich habe immer wieder überlegt, dass es sehr schön wäre, in diesem Gebäude ein Apartment zu besitzen. Man muss allerdings dazusagen, dass ich meiner Frau in der 34. Etage (hier besitzt ein Hotel Suiten) den Heiratsantrag gemacht habe und ich somit auch emotional mit dem Gebäude „positiv verbunden" bin.

Hotelturm, Augsburg

Und letztes Jahr, 2018, habe ich mir endlich ein schönes Apartment im Objekt der langjährigen Begierde gekauft. Bezahlt habe ich, für heutige Verhältnisse, saftige 145.000 €. Wobei man dazu sagen muss, dass manche Apartments in den obersten Stockwerken für 15 bis 20.000€ mehr gehandelt werden. Das Apartment war also alles in allem verhältnismäßig und fair eingepreist.

Ob es klug war, ein Apartment zu kaufen, das vor 10 Jahren nur die Hälfte wert war, weiß ich heute nicht. Tatsächlich aber bin ich sehr glücklich über die Entscheidung, natürlich auch, weil die Rendite dementsprechend ist. Und eins ist heute schon sicher – im Jahr 2028 werde ich nicht an das Jahr 2018 zurückdenken und „bereuen", dass ich wieder nicht zugeschlagen habe.

Mein Appartement im Hotelturm

Was ich Ihnen grundsätzlich damit sagen möchte ist, dass es immer Gründe für oder gegen einen Immobilienkauf geben wird. Seien es hohe Preise oder hohe Zinsen. Irgendetwas ist immer – und auch Ihr persönliches Umfeld, die Kritiker, finden immer einen guten Grund etwas nicht zu tun.

Das war in den letzten 30 Jahren so und das wird auch in Zukunft so sein. Den richtigen Zeitpunkt gibt es nie. Mal sind die Preise zu hoch, dann wieder die Zinsen und nächste Woche ist es dann die Immobilienblase, die zu platzen droht. Im Nachhinein stellt sich aber seit Jahren heraus, dass der Preistrend, wenn auch mit kurzen Einbrüchen, stetig bergauf geht.

Entwicklung der Kaufpreise für Häuser in Deutschland seit 2000 (Quelle: statista.com)

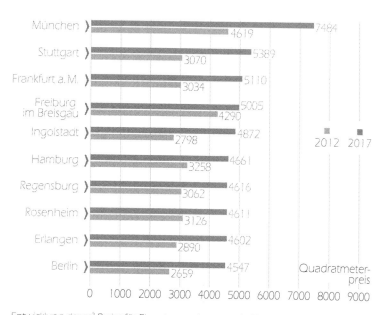

Entwicklung der m²-Preise für Eigentumswohnungen in Deutschland seit 2012 (Quelle: statista.com).

Natürlich sieht man, wenn man sich die Kurve ansieht, dass es immer nur bergauf ging. Und natürlich sind die Preise für die heutige Zeit auf einem Rekordhoch. Ich möchte da auch überhaupt nichts schönreden oder blindlings jeden zum Kaufen anstiften. Im Gegenteil, es muss alles mit einem kritischen Auge begutachtet und jede Immobilie muss detailliert geprüft werden. Aber keiner von uns kann in die Zukunft sehen. Hätte ich dieses Buch 2012 geschrieben, wäre die Kurve auch schon „massiv" über den Preisen der letzten Jahre gestanden.

Also: Die Statistiken von S. 124 sehen allesamt sehr gut aus. Heute, im Jahr 2018, liest man in nahezu jeder Zeitung etwas über eine drohende Immobilienblase wie in den USA im Jahr 2007/2008 und viele, vor allem Leute, die keine Immobilien besitzen, erzählen einem, dass die Lage gefährlich ist. Das stimmt – und ich möchte nicht verleugnen, dass wir in den Ballungsräumen wie München oder Berlin über kurz oder lang ein massives Problem mit Wohnraum bekommen werden. Wenn die Kaufpreise steigen, müssen zwangsläufig auch die Mietpreise steigen. Die Mietpreise können aber nicht ewig steigen, denn irgendwann ist die **》** Gentrifizierung in den Stadtteilen beendet und selbst die Mieter, die mehr verdienen als der Durchschnitt können und/oder wollen sich die teuren Mieten nicht mehr leisten.

> **Gentrifizierung**
> Aufwertung eines Stadtteiles durch dessen Sanierung und/oder Umbau mit der Folge, dass die dort ansässige Bevölkerung durch wohlhabende Bevölkerungsschichten verdrängt wird.

Folglich kommt es zu einer Stagnation der Immobilienpreise und letztlich auch der Mieten. Ich glaube bereits heute daran, dass die Kaufpreise in den guten Lagen von München stagnieren werden. Die hohen Quadratmeterpreise sind nicht mehr so einfach durchzusetzen als vor ein bis zwei Jahren. Folglich tritt in meinen Augen die Stagnation leise und schleichend ein. Große Wertentwicklungen darf man sich in München sowieso nicht mehr versprechen. In meinen Augen sollte man jeden Makler, der ein Objekt in München für einen fünfstelligen Quadratmeterpreis verkauft und dann noch eine Wertsteigerung von über 2,5 Prozent im Jahr verspricht, deutlich hinterfragen.

Immobilienblase?

Aber eine Immobilienblase? Ein Einsturz des gesamten Marktes um, sagen wir, 40 oder 50%? Was muss passieren, bzw. was haben die Amerikaner falsch gemacht, dass die Blase geplatzt ist?

Dieses Bild ist kein Scherz oder eine Masche um Kunden zu gewinnen. Kurz bevor die Blase geplatzt ist, haben die Projektentwickler und Makler mit dieser Verkaufsmasche versucht die Bestände „abzuverkaufen". Somit ist klar, wie die Blase endgültig zum Platzen gebracht wurde. Es war in den USA nicht so, dass die Immobilien schlecht waren oder die Lagen unterdurchschnittlich – das Problem war die unkontrollierte Vergabe von Krediten. Ich habe nach dem Einbruch der Preise in den USA einige Wohnungen an Rückwanderer in München vermietet. Da war das Haus, welches in A-Lagen zu 700.000 Dollar gekauft wurde auf einmal nur noch 250.000 Dollar wert. Für gewerbliche Grundstückshändler oder große Investoren natürlich eine Katastrophe.

Ich, als „kleiner" Kapitalanleger, hätte meine Wohnungen in den USA allesamt behalten. Klar wären die Mieten eingebrochen und man hätte ganz schön zu tun gehabt, die Bank zu bedienen, dennoch ist die Konsequenz analog dem Aktienmarkt „buy and hold", den Blick langfristig festlegen. Wenn ein Einbruch da ist, erholt sich der Markt auch wieder. Diese zwei bis drei Jahre galt es in den USA zu überleben. Und wenn man sich ansieht, wen die Blase getroffen hat, waren das häufig nur Kapitalanleger, die völlig unvernünftig und mit schlechter Bonität massenweise Häuser gekauft haben. Teilweise hatten die Leute vollkommen überteuerte Kredite mit Beleihungen auf wiederum finanzierten Häusern. Da kam es schon mal vor, dass die Dame an der Supermarktkasse bei Walmart luxuriöse Häuser im Wert von 2,5 bis 3 Millionen Dollar vermietete.

In Deutschland haben wir in meinen Augen nicht annähernd das Problem. Klar wurden zwischen 2015 und 2018 großzügig günstige Kredite vergeben, dennoch bin ich der festen Überzeugung, dass nicht alle Kredite wirklich „blind" vergeben wurden. Wer schon mal bei der Bank saß und eine Immobilie finanziert hat, weiß wovon ich spreche. Die Banken prüfen nach wie vor alles detailliert und vergeben nur sichere Kredite, zumindest an nicht gewerbliche Kapitalanleger wie Sie und mich.

Vor allem durch die neue Wohnimmobilien-Kreditrichtlinie aus 2016 wurde die Vergabe von Krediten nochmal reglementiert und deutlich erschwert.

Abgesehen davon hängen Mietpreise und Immobilienkaufpreise auch immer von der wirtschaftlichen Lage ab. So lange es der Wirtschaft gut geht, wird es immer solvente Mieter geben und es wird immer eine Nachfrage nach Wohnraum geben. Die deutsche Wirtschaft ist stabil und wird es in meinen Augen auch in Zukunft bleiben. Wir haben eine Inflation, diese ist aber nach wie vor moderat.

Zinsanstieg

Ein weiteres Thema, auf das ich hier noch eingehen möchte, ist der Zinsanstieg. Nachfolgend ein Beispiel, wie sich ein Immobilienkredit verhält, wenn die Zinsen ansteigen:

Sie kaufen eine Wohnung für 100.000 € und finanzieren diese im Jahr 2018 zu 1,8 % Zins und tilgen jährlich 2,5 %. Somit haben sie eine Gesamtbelastung von 4,3 %, was einer monatlichen Annuität von 358,33 € entspricht.

Gehen wir also davon aus, die Zinsen steigen an. Ich halte einen Zinsanstieg in den nächsten 10 Jahren auf 4 bis 5 % für realistisch:

Sagen wir, Sie müssen nach 10 Jahre neu finanzieren und haben keine Sondertilgung geleistet. Wenn Sie 2,5% getilgt haben, haben sie nach 10 Jahren noch 75.000€ Schulden bei der Bank.

Wir gehen vom einem, in meinen Augen, realistischen Wert aus und rechnen mit Zinsen in Höhe von 4%. Gehen wir des Weitern davon aus, dass Sie die Tilgung in Höhe von 2,5% beibehalten möchten (damit wären Sie übrigens nach 40 Jahren schuldenfrei).

Somit haben Sie eine Gesamtbelastung von 6,5%, was einer Annuität von 406,25€ entspricht.

Wenn die Mieten nicht steigen würden, was unwahrscheinlich ist, da Wohnraum schon alleine durch den Anstieg der Bevölkerung immer knapper wird, müssten sie also 50€ im Monat bezahlen, um den Kredit weiter zu tilgen. Gehen wir davon aus, sie kaufen in den nächsten 10 Jahren fünf Wohnungen mit ähnlichen Konditionen, finanzieren alle Wohnungen zu 100%, sprich ohne Eigenkapital und Sie leisten keine einzige Sondertilgung, dann ist Ihr Risiko also 250€ im Monat, oder 3.000€ im Jahr.

Was ich Ihnen hier aufzeigen möchte ist, dass Ihr Risiko sehr kalkulierbar ist, selbst wenn Sie sich fünf Wohnungen kaufen würden. Es gibt also nahezu keine Ausreden mehr um nicht in Immobilien zu investieren.

Resümee: Seien Sie immer sehr vorsichtig, prüfen Sie detailliert und umfangreich und schlagen Sie zu, wenn sich eine für Sie gute Möglichkeit ergibt.

Kapitel 12: Genießen Sie Ihre Immobilie

Im 12. und für dieses Buch letzten Kapitel, möchte ich Ihnen die Bedeutung von Immobilien nochmal ans Herz legen. Ich weiß, es gibt viel mehr Menschen, die eine Immobilie als reine Kapitalanlage ansehen und in irgendwelche Fonds investieren oder Maklerobjekte im Osten kaufen (welche sie niemals selbst sehen werden), als Menschen wie mich, die Immobilien quasi „lieben" und für die eine Immobilie etwas ganz Besonderes ist.

Trotzdem hoffe ich, dass ich Ihnen mit diesem Buch zeigen konnte, dass man auch eine andere, positive Meinung über eine sonst so trockene Kapitalanlage haben kann.

Bei richtiger Auswahl und kontinuierlicher Instandsetzung bringen Immobilien Ihnen und Ihren Nachkommen einen erheblichen Mehrwert. Neben dem monatlichen, größtenteils passiven Vermögensaufbau bietet Ihnen eine gute Immobilie vor allem auch mehr Sicherheit im Alter, z. B. durch zusätzliche Rente oder ein vernünftiges Zuhause, welches Sie „kostenfrei" selbst bewohnen können.

Immobilien sind etwas Bleibendes. Sie werden vererbt oder verschenkt. Immobilien werden immer mit Ihnen in Verbindung gebracht und helfen Ihren Nachkommen im Alltag mit monatlichen Einnahmen oder dem erwähnten, mietfreiem Dach über dem Kopf.

Genießen Sie die Immobilie, genießen Sie das Dasein als Vermieter und Kapitalanleger und werden Sie sich darüber im Klaren, dass Sie mit der richtigen Anleitung und der richtigen Vorbereitung einen Schritt gehen können, den viele ihrer Mitmenschen nicht gehen werden. Lassen sie sich von kleinen Schwierigkeiten nicht aus der Ruhe bringen. Für jedes Problem gibt es eine, meist einfache, Lösung. Sehen Sie immer das Positive, finden Sie geschickte Lösungen.

Ich bin mehrfacher Eigentümer und Vermieter und habe den Großteil meines selbst verdienten Geldes in Immobilien investiert. Es ist ein gutes Gefühl, wenn man weiß, dass man bereits in jungen Jahren etwas für sein Alter getan hat. Die Renten werden immer weniger, so liest man immer wieder in der Zeitung. Schon heute merke ich es in meinem direkten familiären Umfeld, zum Beispiel dem sehr knappen Geldbeutel meiner Großeltern. Die beiden konnten sich immer alles leisten, hatten nie „echt finanzielle Probleme". Dennoch, große Sprünge sind mit der Rente „von damals" schon heute nicht mehr drin.

Natürlich beunruhigen auch mich Zeitungsartikel über Altersarmut nach wie vor. Jedoch habe ich im Hinterkopf immer meine Mieteinnahmen, welche ich aus den Wohnungen generiere, die ich gekauft habe und die ich noch kaufen werde.

Ich habe die Entscheidung, nur in Immobilien zu investieren und mich um meine Zukunft selbst zu kümmern, aktiv getroffen. Ich werde weiterhin in Immobilien investieren, sobald ich das notwendige Eigenkapital „übrig" habe und eine entsprechend gute Immobilie gefunden habe, denn ich möchte meinen beiden Söhnen Lennard und Ludwig im Rentenalter nicht auf der Tasche liegen. Ganz im Gegenteil! Ich möchte meine Immobilien vererben und somit ein Stück „Patrick Windisch" auf der Erde hinterlassen.

Wagen Sie den Schritt, Sie können das, genau wie ich!

Vor dem Lesen des Buches haben Sie nur noch nicht gewusst wo sie anfangen müssen. Nun wissen sie es, legen Sie los, es ist genau heute die richtige Zeit, immer!

Über den Autor

Vita

Geboren und aufgewachsen in Augsburg wusste Patrick Windisch schon früh, dass er mehr will als eine Arbeit von „neun bis fünf". Als Sohn eines Dachdeckermeisters mit eigenem Betrieb und einer liebevollen Mutter, die als Angestellte im Öffentlichen Dienst arbeitete, stand das schon in der Schulzeit fest. Deshalb war die Schulzeit keine einfache Zeit und das Lernen eher Mittel zum Zweck als Spaß an der Sache.

Nach einer kaufmännischen Ausbildung in Augsburg und seinem Dienst bei der Bundeswehr hat er im Alter von 21 Jahren seine Liebe für Immobilien entdeckt. Seither hat er in vielen unterschiedlichen Bereichen der Immobilienwirtschaft gearbeitet.

Seine erste eigene Immobilie kaufte er im Jahr 2013 in der Leopoldstraße in München. In den darauffolgenden Jahren kaufte und verkaufte er noch einige Wohnungen aus, bzw. für seinen persönlichen Bestand und behauptet sich auch heute noch jeden Tag aufs Neue als Kapitalanleger, vorwiegend im Augsburger Raum.

Beruflicher Werdegang

Im Jahr 2013 absolvierte er das Vollzeitstudium zum Geprüften Immobilienfachwirt (IHK), der zu einem der schwersten Fachwirte in Deutschland zählt. Es folgten weitere Ausbildungen bei der DEKRA und beim TÜV. Seit Juli 2018 absolviert er das Studium zum Immobilienökonom an der IREBS (International Real Estate Business School) der Universität Regensburg.

Den Start machte er als klassischer Nachweismakler und verkaufte und vermietete Bestandsimmobilien. Nach einem Umzug nach München arbeitete er für einen Dienstleister für Münchens größten Bauträger in der Vermietungsabteilung. Dort vermietete er große Projekte bis 72 Wohneinheiten und entsprechend große Gewerbeflächen, unter anderem auch für Immobilienfonds und private Eigentümer.

Des weiteren war er zuletzt als leitender Angestellter bei einem großen Lebensmitteldiscounter in der Immobilienabteilung für die Expansion und somit den Ankauf neuer Grundstücke und Objekte tätig.

Im Jahr 2017 erfüllte er sich den Traum der Selbstständigkeit und gründete das Unternehmen „ETK Eigentum & Kapital GmbH", welches überwiegend privaten Anlegern zur Kapitalanlage verhilft und sich auf die Verwaltung von Sondereigentum spezialisiert hat. Seine Produkte verstehen sich als „all in one" Lösungen für Kapitalanleger, die sowohl für die Kaufentscheidungsfindung, als auch für die Immobilienverwaltung einen starken und erfahrenen Partner suchen.

Kontakt:

Meine Firma: **www.etk.de**

 Mein YouTube Kanal:
Patrick Windisch Immobilieninvestor

 Mein Instagram Account:
patrick_windisch

Der Kontakt zu mir: Entweder über die Social Media Plattformen oder unter windisch@etk.de

Ich freue mich über jede Nachricht und jedes Feedback zu den von mir geschriebenen Zeilen.

Patrick Windisch

Printed in Great Britain
by Amazon